婴幼儿教师与家长沟通和合作的 50 个策略

50 Strategies for Communicating and
Working with Diverse Families (Third Edition)

［美］珍妮特·冈萨雷斯-米纳 ／ 著
（Janet Gonzalez-Mena）

洪秀敏　宋　佳　赵　爽／译

洪秀敏／审校

中国轻工业出版社

图书在版编目(CIP)数据

婴幼儿教师与家长沟通和合作的50个策略／（美）珍妮特·冈萨雷斯-米纳（Janet Gonzalez-Mena）著；洪秀敏，宋佳，赵爽译. —北京：中国轻工业出版社，2020.3（2024.9重印）

ISBN 978-7-5184-2632-4

Ⅰ.①婴… Ⅱ.①珍… ②洪… ③宋… ④赵… Ⅲ.①幼教人员-关系-家长 Ⅳ.①G616

中国版本图书馆CIP数据核字（2019）第262542号

版权声明

Authorized translation from the English language edition, entitled 50 STRATEGIES FOR COMMUNICATING AND WORKING WITH DIVERSE FAMILIES, 3rd Edition by GONZALEZ-MENA, JANET, published by Pearson Education, Inc., Copyright © 2014 by Pearson Education, Inc.

All rights reserved. No part of this book may be reproduced or transmitted in any form or by any means, electronic or mechanical, including photocopying, recording or by any information storage retrieval system, without permission from Pearson Education, Inc.

CHINESE SIMPLIFIED language edition published by CHINA LIGHT INDUSTRY PRESS LTD., Copyright © 2020.

责任编辑：吴　红　牟　聪　　责任终审：杜文勇
策划编辑：吴　红　　　　　　责任校对：刘志颖　　责任监印：吴维斌

出版发行：中国轻工业出版社（北京鲁谷东街5号，邮编：100040）
印　　刷：三河市鑫金马印装有限公司
经　　销：各地新华书店
版　　次：2024年9月第1版第3次印刷
开　　本：710×1000　1/16　印张：16
字　　数：128千字
书　　号：ISBN 978-7-5184-2632-4　定价：52.00元

读者热线：010-65181109
发行电话：010-85119832　　010-85119912
网　　址：http://www.chlip.com.cn　　http://www.wqedu.com
电子信箱：1012305542@qq.com

版权所有　侵权必究

如发现图书残缺请拨打读者热线联系调换

241846Y1C103ZYW

本书为国家社科基金重大项目
"全面二孩政策下城市地区0—3岁婴幼儿托育服务体系研究"
(项目批准号:17ZDA123)成果之一

译 者 序

婴幼儿时期是人生的起点,是个体发展最关键的基础阶段,而家长作为贯穿孩子一生的重要他人,在这一阶段发挥着举足轻重的作用。我国著名儿童教育家陈鹤琴提出,"家长是子女的第一个老师,父母应尽到教育好孩子的责任。幼儿在父母那里学说话,认识周围事物,模仿父母言行,在父母的影响下形成性格"。苏联著名教育家苏霍姆林斯基也强调,"家庭要有高度的教育学素养,如果没有整个社会首先是家庭的教育学素养,那么不管教师付出多大的努力,都收不到满意的效果""没有家庭教育的学校教育和没有学校教育的家庭教育,都不可能完成培养人这一极其细致而复杂的任务"。可见,童年早期的发展有赖于家庭、托儿所及幼儿园等社会文化环境的共同作用,教育工作者要想成功地开展早期教育,必须学会与婴幼儿的家长合作。

随着科学的发展和社会整体文化水平的提高,家长的教育知识不断丰富,对教育的需求越来越多,对教育质量的要求越来越高,主动参与到婴幼儿教育中的意识也越来越强烈。然而,长期以来,由于教育资源严重短缺,我国托幼服务发展不充分、供给不足、质量不平衡等问题较为突出,远远无法满足家庭对早期儿童照护与科学育儿指导服务的需要。随着全面二孩政策的施行,我国婴幼儿照护和儿童早期教育服务的需求日益增长,供需矛盾日益凸显。不少家庭寻求公共托育服务机构而无门,渴望科学育儿指导而无助。

近年来，婴幼儿早期教育和家庭教育的重要性日益受到党中央和国务院的重视。国务院印发的《中国儿童发展纲要（2011—2020 年）》指出，要"积极发展公益性、普惠性的儿童综合发展指导机构，以幼儿园和社区为依托，为 0—3 岁儿童及其家庭提供早期保育和教育指导"。2015 年 2 月 17 日，习近平总书记在春节团拜会上强调"要重视家庭建设，注重家庭、注重家教、注重家风"；2015 年 10 月 22 日，教育部印发《教育部关于加强家庭教育工作的指导意见》，明确要"充分发挥学校在家庭教育中的重要作用，加快形成家庭教育社会支持网络……中小学幼儿园要建立健全家庭教育工作机制，统筹家长委员会、家长学校、家长会、家访、家长开放日、家长接待日等各种家校沟通渠道"。2017 年 10 月，党的十九大报告提出必须取得"新进展"的 7 项民生要求，"幼有所育"排在首位。2019 年 1 月，教育部部长陈宝生在全国教育工作会议上明确指出要积极推动将家庭教育纳入基本公共服务体系，争取专门经费，研制家庭教育指导手册和家庭教育学校指导手册；基础教育司司长吕玉刚表示，2019 年基础教育四项重要任务之一是"实施家校协同育人的攻坚计划"；2 月，教育部将"强化家庭教育"列入 2019 年工作要点，确立了"明确家长主体责任，发挥学校指导作用，健全家校合作机制，提高家庭教育水平"的目标任务；4 月，国务院办公厅颁布《关于促进 3 岁以下婴幼儿照护服务发展的指导意见》，明确提出"加强对家庭的婴幼儿早期发展指导，通过入户指导、亲子活动、家长课堂等方式，利用互联网等信息化手段，为家长及婴幼儿照护者提供婴幼儿早期发展指导服务，增强家庭的科学育儿能力"。国家理念的转变以及一系列配套政策的实施，为新时期早期教育与家庭教育事业发展奠定了良好基础。

与此同时，南京、上海、四川等地陆续颁发加快推进 3 岁以下婴幼儿托育服务发展的指导意见，旨在为婴幼儿及其实际抚养人提供婴幼儿保育和科学育儿的指导服务；同时，上海、无锡、长春等市先后发布加强家庭教育工作的指导意见，以期提高家庭教育水平，推动家庭教育和学校教育、社会教育的有效衔接，促进广大儿童健康成长和全面发展。随着各地婴幼儿照护及家庭育儿指导服务的积极开展和政策推动，如何加快提高早期教育服务的质量，特别是提升婴幼儿照护者和教育者与家长的沟通和合作能力，成为新时代学前教育改革发展面临的现实课题，也是补齐民生短板、实现"幼有所育"的重要议题。

2017年，本课题组获批国家社科基金重大项目"全面二孩政策下城市地区0—3岁婴幼儿托育服务体系研究"（项目批准号：17ZDA123），致力于广泛收集、整理与分析世界各国发展婴幼儿照护和托育服务的有益探索与经验。其中，美国加利福尼亚州纳帕谷学院儿童与家庭教育专业退休教师珍妮特·冈萨雷斯-米纳（Janet Gonzalez-Mena）所编写的《婴幼儿教师与家长沟通和合作的50个策略》（第三版）引起了课题组的兴趣。此书是作者任教36年来基于托幼中心、社区大学系统以及治疗性儿童照护试点项目等实践工作编写的匠心之作。第三版经过不断修订与实践反馈，结合当前该领域的最新主题、趋势、研究和观点，主要包括八大部分50个章节，每个章节即为与婴幼儿家长沟通和合作的一条实用策略，从"教师需要知道什么"和"教师能做什么"两个方面展开。第一部分包括5个策略，从观念层面强调了尊重多样性与提供反偏见环境的重要性，旨在帮助婴幼儿照护者了解如何欣赏与接纳来自不同背景的家庭。第二部分包括9个策略，详细阐述了与婴幼儿家长沟通和合作的主要步骤及注意事项，旨在帮助照护者明确自身在与家庭合作中的角色定位，更好地支持家长的育儿主体作用。第三部分包括7个策略，从实践层面探讨了与多样性文化背景家庭合作的具体实施方法，为照护者与家庭、家长与幼儿、家长与家长之间可能发生的冲突提供了实用的解决策略与技巧。第四部分包括6个策略，聚焦于家庭参与，即家长在早期保育与教育项目或机构中能够扮演的角色和起到的作用，通过关注不同的家长类型和家长参与内容，提供了若干家园合作的方案。第五部分包括 5 个策略，具体说明了与家长沟通交流的多种途径，它们包括创造环境、赋权、文字交流、对话以及跨文化的非语言交流。第六部分包括 5 个策略，借助于对定期与不定期的不同家园合作形式的介绍，为早期教育机构的教师及管理人员提供了切实可行的指导。第七部分包括 9 个策略，列举了婴幼儿照护者可能遇到的特殊问题家庭以及与其合作的方法技巧。第八部分包括 4 个策略，阐述了面对与之沟通具有挑战性的家长时，教育工作者可以采用的手段与需要坚守的原则。

这本书为早期教育工作者带来了真正多样化的视角，书中不乏生动的案例解析，为与婴幼儿家长沟通和合作提供了最实用的策略。相信此书的翻译和出版，能够帮助我国托育服务机构的婴幼儿照护者、早期教育工作者、管理者和家长更好地理解沟通与合作的重要性和必要性，为其提供具有可操作性的实施方法，从而为最大限度地提高婴幼儿保育与教育质量提供有益的参考与直接的借鉴。在翻译过程中，课题组成员力图忠实于原文，并多次校对和修改各章节内容，使译文通顺流畅。全书由我组织宋佳和赵爽进行翻译，宋佳协助我完成了统稿工作。

感谢国家社科基金重大项目"全面二孩政策下城市地区 0—3 岁婴幼儿托育服务体系研究"的资助！感谢中国轻工业出版社对本书的翻译出版所给予的大力支持！

因翻译时间仓促，书中定有不足之处。希望广大关心和从事婴幼儿照护工作的专家、同行和读者不吝指正。

洪秀敏
2019 年 4 月于北京师范大学

前　言

这本具有实践导向的书提供了关于尊重差异和与家庭合作的策略，以支持、加强和最大限度地提高婴幼儿保育和教育的质量。本书中的许多策略都关乎早期教育专业人员如何通过与家庭成员协作交流来创造一种信任的氛围，其目标是创建实用的、具有包容性的、尊重家庭和个体差异的条目。这些易于使用的策略为与不同类型和背景的家庭进行有效沟通和合作提供了坚实的基础。

本版新修内容

- 本书第三版的第一部分首先讨论了多样性，其章节标题显示了读者可能会与之合作的不同的家庭类型。虽然并非全书所有的章节标题都反映了多样性，但各章节都有与多样性相关的内容。本书一直都在关注多样性，但这一事实并未在前两版的每一章节得到体现。现在这一版做到了，并增加了直接把章节主题同多样性联系起来的新的部分。
- 始终强调反偏见环境，帮助读者记住这种尊重差异的特定方式。
- 为了与时俱进，新版的受众群体扩大到了军人和抚养孙辈的祖父母。
- 随着电子媒体的日益普及，本书帮助读者反思各种媒体对儿童（甚至婴幼儿）日益增长的影响。

- 读者会发现更多关于经济困难对儿童和家庭的影响，因为现在贫困家庭越来越多了。
- 在"教师能做什么"部分中，表述方式由消极转化为积极，不像之前的版本总是使用"不要"这样的词汇。同样，在这些部分中，几乎每个章节都增加了额外的策略。
- 故事、例子和插图能够帮助读者更好地将知识应用到现实生活中，因此本版增加了这些内容。
- 本书一直要求读者将自我反思作为理解家庭、与其合作的重要工具，本版更加强调了这一点。
- 在审稿人的要求下，本版增加了更多关于家访的内容，即使是那些现在或将来无法进行家访的读者，也能够领会。
- 有些章节（例如关于过渡的"策略40"）增加了一些材料。该主题已经被极大地扩展到提供与更多种类的过渡相关的信息和策略，这样读者能够获取的思路就远不止发展性过渡与改变教室或项目了。

以家庭为中心的保育与教育

本书基于"以家庭为中心的保育与教育"这一概念。在以前，早期教育领域的趋势是关注儿童，一些项目实际上习惯在其哲学表述中使用"以儿童为中心的项目"这种表达。本书的思想基础在于"你不能将儿童与其家庭环境分开"。"孩子"是一个没有实际意义的词，因为没有一个孩子是独立存在的，家庭的影响总会伴随其左右。当读者理解到这些影响具有积极意义时，他们就会走上以家庭为中心的道路。当一个项目变成以家庭为中心时，多样性就成了其中的重要一环。早期教育理论和实践领域的学生将看到，尊重多样性在这两个方面都得到了重视，而且是所有策略的基础。即使在没有着重强调尊重多样性的地方，它也依然会被提及。伴随着多样性的是公平和包容的概念，这意味着早期教育工作者必须是公平的、包容所有人的。教育工作者不能因为一些家庭或他们的孩子太"与众不同"而把他们排斥在项目之外。这本书要包括"所有的"家庭和他们的孩子。这就是尊重多样性，即使这很难做到。

"合作关系"究竟意味着什么？

合作关系是本书的另一个主题。在建立合作关系的过程中，读者会发现建立信任是关键，因为没有信任就没有合作关系。合作关系不同于仅仅试图让家庭与该项目合作并实现目标，让家长参与进来是要时刻记在脑子里的方法。决策制定者明白，当家长参与孩子的教育时，孩子的入学准备和学业成绩就能够得到加强。他们紧跟潮流，教家长如何帮助他们的孩子实现课程目标，以及如何根据学校的行事方式来帮助孩子。

合作关系不同于简单的家长参与，因为它意味着平等和分享权力，而不是一方控制另一方。在合作关系中，双方的角色和责任可能不同，但他们都拥有权利。这种合作关系的核心是儿童的幸福。每个合作伙伴——家庭成员和教师——都为这种合作贡献着不同的力量和技能，他们进行的是合作而非发布或执行命令。在合作关系中，沟通是双向的，而不是等级分明的，这需要双方的沟通技巧。因此，本书中的许多策略都与沟通有关。如果学校让家长参与进来的目的仅仅是让他们在家里帮孩子做好学校和教师认为有益于入学准备和学业成绩的事情，那么沟通可能会变得非常不同。

转型教育的模式

让家长参与进来的方法通常与家长教育项目有关。尽管参与和教育都可能是合作方式的一部分，但它们是不同的。当然，参与项目的家庭更有可能认真对待他们的合作伙伴角色。此外，早期教育专业人员拥有知识、经验和专业性，家长可以从中受益；同时，家长比任何人都更了解自己的孩子、目标、信仰、价值观、家庭传统和文化。因此，这里的教育模式是"转型教育"，而不是传统的师生单向的教育方式。

转型教育的定义是两个人或两组人走到一起，以一种双方都能从中学到东西并通过这种交往变得更好的方式进行互动。

解决称谓难题

在写这本书的过程中，我遇到了一个问题，那就是如何称呼在儿童早期教育项目中工作的成人。这本书对儿童进行了广泛的描写，包括0—8岁的儿童。虽然这些项目中的所有成人都可以被称为"教师"，但一些与极小的孩子一起工作的人反对这个称谓，因为他们不"教学"，他们"照护"。另外一些反对"教师"称谓的人认为自己是学习的促进者，他们更喜欢称自己为"教育工作者"。还有一些和这个年龄段的儿童一起工作的成人在家外，但不在学校或中心工作，他们自称是"家庭托育提供者"。早期教育是一个复杂的领域，没有一个称谓适用于所有人。

我还得给这些儿童早期教育项目起个能将其所有不同形式涵盖在内的称谓。有教师的三年级教室与有照护者的幼儿中心是不同的，但两者都属于"早期教育"的范畴。半日制幼儿园不同于学前班，也不同于全日制托育项目，后者又不同于医院的幼儿看护中心（全天24小时开放，为所有轮班的工作人员提供服务）。

保育与教育永远不可分割

那么我最后用了什么称谓？我通过将"早期教育"转变为"早期保育与教育"来解决这一困境，而且有时把在这个领域内工作的成人称作"教师"，有时又称作"早期教养专业人士"或"早期教育专业人员"。"保育"一词的增加强调了保育和教育在儿童早期是密不可分的。

ECE 这几个字母通常用来定义 0—8 岁儿童的教育项目，有些人用它来表示早期教育（Early Childhood Education），我用这些字母来表示早期保育与教育（Early Care and Education）以扩大范围。对我来说，把"教育"和"保育"联系起来，而非单独使用"教育"这个词是非常重要的，即使是在公立小学的课堂上。

对幼儿来说，保育始终是教育过程的一部分。内尔·诺丁斯（Nell Noddings）在很多书中都提到了这个话题，当她说保育必须永远是教育的一部分时，她便把整个教育领域都纳入其中——甚至包括高等教育。关键是，尽管你可以根据被提供教育的儿童的年龄来划分项目，给它们贴上不同的标签，但所有的项目都应该包括教育和保育。

其他术语也因策略的重点不同而有所差别，所以有时我会用"学校"和"教室"，有时我会用"项目"和"中心"。有时我的目标更多的是学校的教师，有时更多的是幼儿园、婴幼儿项目、早期干预项目、幼儿照护、开端计划、早期开端计划和学龄儿童照护等项目中的工作人员。这有点复杂，因为这些项目发生在各种各样的环境（包括中心、学校和家庭）中，而且有的策略更适用于某一种环境而非另一种环境。

总之，这本书是一份提供了与家庭合作的实际策略的针对性文本，用于为真正的合作创造必要的信任，并发展包括所有家庭和个体在内的项目。当然，所有这些实用策略的核心是儿童的幸福。

致谢

我要感谢以下帮助完成这本书的人：玛丽昂·科韦（Marion Cowee）、林恩·多尔蒂·莱尔（Lynne Doherty Lyle）、蒂姆·冈萨雷斯-米纳（Tim Gonzalez-Mena）、莉萨·李（Lisa Lee）、姬蒂·里茨（Kitty Ritz）、埃塞尔·塞德曼（Ethel Seiderman）和琼·西蒙兹（Joan Symonds）。此外，我还要感谢以下审稿人的建议和意见：北佛罗里达大学的伊丽莎白·柯比·富勒顿（Elizabeth Kirby Fullerton,

University of North Florida)、尼科尔斯州立大学的莉萨·M. 劳尔（Lisa M. Lauer，Nicholls State University）、博林格林州立大学的安妮·莱塞（Anne Leser，Bowling Green State University）以及克拉克学院的米歇尔·马洛里（Michelle Mallory，Clark College）。

目　　录

译　者　序 ·· I
前　　　言 ·· V

第一部分　欢迎所有人 ·· 1
策略 1　欣赏各种各样的家庭 ··· 3
策略 2　与移民家庭合作 ··· 7
策略 3　让特殊需要儿童的家庭参与进来 ··· 11
策略 4　创造一种反偏见的环境 ·· 14
策略 5　尊重所有家庭，包括同性父母家庭 ····································· 18

第二部分　与家庭的合作关系 ·· 23
策略 6　建立合作关系 ·· 25
策略 7　消除合作障碍 ·· 29
策略 8　尽量减少与家长的竞争 ·· 33
策略 9　支持依恋 ·· 36
策略 10　考虑权威 ·· 41
策略 11　关注家庭的优点 ··· 44
策略 12　帮助家长成为自己孩子的维护者 ······································ 48

策略 13　鼓励家长成为所有儿童的维护者 …………………… 51

策略 14　创造社区意识 …………………………………………… 56

第三部分　欣赏多样性并与之合作 …………………………… 61

策略 15　理解和欣赏文化差异 …………………………………… 63

策略 16　建立文化响应的保育与教育 …………………………… 69

策略 17　处理和保育与教育实践有关的冲突 …………………… 73

策略 18　考虑指导和纪律方面的文化差异 ……………………… 77

策略 19　围绕你认为有害的做法与家长一起合作 ……………… 82

策略 20　思考与儿童学习方式有关的不同观点 ………………… 86

策略 21　管理冲突 ………………………………………………… 90

第四部分　家庭参与和教育 ……………………………………… 97

策略 22　考虑家庭参与 …………………………………………… 99

策略 23　让家长进入教室或中心 ………………………………… 104

策略 24　关注父亲和祖父 ………………………………………… 108

策略 25　对家长教育采取转型教育方法 ………………………… 113

策略 26　与家长围绕节日主题合作 ……………………………… 117

策略 27　探索家长在决策委员会和理事会中的作用 …………… 121

第五部分　交流 …………………………………………………… 125

策略 28　创造交流环境 …………………………………………… 127

策略 29　赋权给自己和他人 ……………………………………… 130

策略 30　通过文字进行交流 ……………………………………… 134

策略 31　与家长保持对话 ………………………………………… 140

策略 32　着眼于跨文化的非语言交流 …………………………… 143

第六部分　碰面与会议 ·· 147

- 策略 33　第一次与家长见面 ································ 149
- 策略 34　考虑日常碰面 ·· 154
- 策略 35　举行会议 ·· 157
- 策略 36　考虑跨文化会议 ···································· 161
- 策略 37　产生顾虑时与家长讨论 ························ 164

第七部分　与有特殊问题的家长合作 ················· 169

- 策略 38　帮助儿童进入学校或项目 ···················· 171
- 策略 39　保持母语 ·· 176
- 策略 40　让儿童轻松过渡 ···································· 180
- 策略 41　将大自然带进儿童的生活 ···················· 185
- 策略 42　用营养解决肥胖问题 ···························· 189
- 策略 43　解决电子媒介的问题 ···························· 192
- 策略 44　离婚期间保持稳定 ································ 197
- 策略 45　应对家长的去世 ···································· 199
- 策略 46　寻找社区资源并推荐 ···························· 202

第八部分　有挑战的对话 ······································ 205

- 策略 47　与经常抱怨的家长合作 ························ 207
- 策略 48　与有敌意的家长一起工作 ···················· 210
- 策略 49　与家长讨论行为变化 ···························· 213
- 策略 50　家庭虐待或忽视 ···································· 216

参考文献 ·· 221

50 STRATEGIES FOR COMMUNICATING AND WORKING WITH DIVERSE FAMILIES

第一部分

欢迎所有人

策略 1　欣赏各种各样的家庭

教师需要知道什么

每个家庭的收入水平不同，其大小、形状、结构、配置也各不相同。例如，有双亲家庭、单亲家庭和多代同堂的大家庭，有再婚家庭、组合家庭、混血儿家庭、同性恋家庭和异性恋家庭。可能是祖父母抚养他们的孙子孙女，或哥哥姐姐抚养年幼的孩子。跨国家庭可能生活在两个国家，移民家庭可能会搬到工作的地方，军人家庭可能经常搬家或经历一段时间的分离。孩子可能是在家庭中出生的，也可能是通过其他方式（如寄养、收养或亲属关系网络）到来的。有些孩子生活在多个家庭中，是多个家庭的成员。

"家庭"有很多定义。这些定义可能侧重于遗传、居住地、情感联结、规则或法律地位。美国家庭医生学会（The American Academy of Family Physicians，2003）将家庭定义为"具有持续的法律、遗传和（或）情感关系的一组个体"。一位教师将家庭定义为"住在儿童家里的爱他们、照顾他们的人"，这位教师还坚信所有家庭都应该受到欢迎和尊重（Rieger，2008）。她让孩子们及其家人们知道，如果愿意，他们可以谈论可能不在身边的家庭成员，并逐渐认识到服兵役、离婚、监禁和死亡会使家庭成员与孩子分离。

不是所有的家庭都有房子。对无家可归者的普遍看法可能是居住在城市中的单身成年男子，他们患精神疾病、酗酒或吸毒，但事实是，无家可归的家庭无处不在，其中许多家庭都有孩子。这些家庭需要同任何其他家庭一样得到尊重和考虑，且往往比学校或其他教育机构中的大多数家庭需要更多的支持和服务。无家可归扰乱了家庭生活的方方面面，它们包括家庭成员的健康、幸福以及子女的教育（Thoennes，2008）。

在一个工作坊中，琳达·布罗（Linda Brault，2007）要求参与者在她问"有多少人在一个大家庭中长大？一个小家庭？一个中型家庭？"时分别举手，从而将家庭按大小进行分类。人们对大、中、小家庭概念的理解有很大的差异，有些人只计算了他们的父母和兄弟姐妹，有些人则计算了大家庭成员。当主持人进一步询问每个人时，很明显他们对家庭和家庭成员的定义截然不同。例如，一些人把故去的人当作家庭成员，认为他们和活着的家庭成员一样重要。对于其他一些人来说，非亲属与血亲的地位是同等的。这是一个在种族、民族和文化上都各不相同的群体，它展示了许多不同的关于"家庭是由谁组成"的概念。

当教师自己的家庭观念阻碍了其对各种家庭的理解和尊重时，与家庭的合作就会出现问题。如果一个家庭不符合教师心目中理想的样子且有虐待儿童的嫌疑，而这位教师又忽视了"理想"家庭中虐待儿童的迹象，问题就更加严重了。由于教师和其他早期教育专业人员都是强制受命的报告者，所以这种情况不管是对儿童及其家庭还是对教师而言，后果可能都是很严重的。

在研究可能与教师和其他早期教育工作者合作的所有不同类型的家庭时，新近移民属于一类特殊群体。移民身份可能会对家庭运作产生巨大影响。重要的是要认识到除印第安土著之外的所有美国人，都曾经是移民。同样重要的是要认识到，大多数移民群体都曾因国家的不幸而受到指责。移民家庭在一个与他们出生地不同的国家定居时，除了要面对非常多的偏见之外，还面临着各种各样的挑战。早期保育与教育项目应该为这些家庭提供支持，并尽其所能地帮助他们应对重重挑战。

教师能做什么

- 先把"正常"或"理想"家庭的想法放在一边，扩大你对家庭的定义。当接近一个与你理想标准不相符的家庭时，你会把他们视为"他者"，而"他者"会妨碍你了解他们、建立关系。对许多人来说，理想的家庭是由母亲、父亲和两个孩子（或许还有一只狗）组成的，他们都生活在一起，享受着中产阶级的生活方式。那只是一种家庭——还有很多其他样子的家庭！
- 要认识到，那些与大众普遍认知里正常或理想标准不相符的家庭一定会面对被定型、歧视或忽视的问题。尽管对刻板印象的研究在不断增加，但它们更多的关注点在于种族、性别、收入水平和宗教，而不在于洗清那些与所谓的"常规"不同的家庭所背负的污名。
- 要认识到教师必须重视所有的家庭，摆脱对不同类型家庭的刻板印象和先入为主的观念。
- 检查你的项目和机构，了解课程、材料、行政管理、人才招聘和政策是如何教导儿童和父母有关家庭的价值观的。其目标应该是让所有家庭都能得到同等的尊重。
- 如果你有一盒家庭成员形象的玩偶，请把它们都放在一个容器里，让儿童自己决定他们想要如何配置一个家庭。不要按照玩偶原来的样子进行装配，如将妈妈、爸爸和孩子安排在一起。
- 学会跟与你不同的人沟通并建立关系，小心沟通不当导致的误解。
- 注意那些与儿童的家庭或家族史有关的活动和任务，它们可能会引起痛苦、不便了解或无从得知。对于那些在婴儿期就被收养的孩子来说，询问他们名字的来历或婴儿时期的照片可能是个问题。对于那些颠沛流离的人来说，要他们分享传家宝会是件令人痛苦的事。

- 与其庆祝母亲节或父亲节，不如为儿童设立一个节日来表达对照顾他们的人的感激之情，让孩子自己选择想要感谢的人。母亲节或父亲节对一些单亲家庭或同性恋家庭来说是令人难受的。
- 用各种方式与家庭成员联系、合作，并让他们参与孩子在家庭以外的保育与教育。
- 让家庭与家庭之间相互联系，创建一个共同体。
- 认识到教师有很多东西要向家长学习——教学应该被看作一个双向的过程，也可以被称为教与学的过程，在这个过程中，教师和学习者经常互换角色。

策略 2　与移民家庭合作

教师需要知道什么

新近的移民家庭面临着许多挑战。如果到达时没有证件,他们可能会担心自己没有身份证明。家庭成员会被"逮捕"和监禁吗?如果家庭成员被驱逐出境,孩子们会被留下来吗?对祖国没有记忆的年轻家庭成员最终会独自回到那里,没有语言或技能来与周围人相处吗?报纸上刊登了令人痛心的移民故事。尽管任何移民都可能面临偏见和歧视,但有些移民面临的偏见和歧视要比其他移民多得多。

语言对移民来说是一个巨大的挑战。当一个外来者有这么多新东西要学的时候,他们的交流系统可能会受到影响。在一个陌生的文化环境中,除旧迎新的所有改变都会带来压力。语言上的困难更使得压力大大增加。没有什么是容易的,移民在定居过程的任何情境中——找地方住、注册公共事业、了解交通系统、找一份新工作——都可能会遇到不宽容的人。如果无法对移民给予充分的理解,人们有时就会对他们失去耐心。在全新的语言和文化环境中,移民比他们在祖国时的反应要慢。他们会犯很多错误,有时会被当作无知的人;然而,如果你能看到他们用自己的语言或在熟悉的环境中活动,他们就完全不一样了!

当需要支持的时候,许多移民只能靠自己。他们已经离开了自己的支持网络(包括所在的大家庭)。他们可能是有生以来第一次独自生活在这个世界上。

移民在这里待了一段时间后，家里的孩子往往在学习语言和了解他们所处社会的新生活方式方面领先于成人。这种情况使得家长处于巨大的劣势，因为传统的角色颠倒了，现在孩子们反而是明白最多的。他们甚至可能会因为家长笨拙的处事、沟通上的困难以及他们的口音而感到尴尬。尊重长者的权威曾经是正常的规则，然而现在孩子们才是权威。这对一个家庭来说多可怕！纪律可能没法再起作用，而且孩子们可能主要靠自己。

尽管家长可能对自己孩子的改变感到不舒服，但他们不得不送孩子去上学，而这些学校可能与他们自己国家的学校有很大的不同。有时他们被迫把孩子送到外面去看护。这时候不再有祖母和他们住在一起，而移民们可能会因为把孩子交给非家庭成员来照顾而不高兴。他们可能会担心同一性问题，害怕自己的孩子会被同化、失去他们自己的文化纽带。

尽管有时移民家庭不认同他们在学校或其他早期保育与教育项目中看到的情况，但他们会觉得自己把孩子交给了他们认为权威的人，特别是如果这样的人被称为"教师"或"主管"。这些家庭可能非常尊重权威，他们的态度是"专业人士最懂"。

一些家长仍然认为自己是家里的权威，在他们看来，他们在家里做的事情和早期教育项目中要做的事情有很大的不同。另一些家长则在心中赋予教师或其他早期教育专业人员至高无上的权力，无论是在机构中还是在家里，他们认为所有与儿童有关的事情，专业人员做的都是对的。他们把向专业人员学习当作自己的工作，这样他们就可以在家里也仿照着做。当一位教师告诉一个刚从另一个国家移民过来的家长应该在家里和孩子们说英语时，尽管家长的英语水平有限，但他还是听从了教师的建议。结果是，家长与孩子之间的交流非常受限，每个人都郁闷了很长一段时间。家长的英语水平得到了提高，但他们的口音总是很重，而且从来没有像使用其母语那样表达清楚过。孩子们从学校和同龄人那里学会了英语,但令家长非常难过的是,他们丧失了母语。

精神健康专家艾丽西娅·利伯曼(Alicia Lieberman)在她的经典文章《关注移民家庭》(Concerns of Immigrant Families, 1995)中提出了与移民家庭合作的策略。她所建议的策略会在接下来的部分中列出。

教师能做什么

- 欣赏家庭文化。记住,差异并不等同于缺陷。了解文化的不同——在这个家庭中,对老人表示尊敬的方式是低头向下看,还是抬头看着他们的眼睛呢?不一定非要成为人类学家才能向

这个标志挂在幼儿园教室的墙上,是为了让每个家庭都感到自己是受欢迎的。

家庭学习。观察是一种方法，提问是另一种方法。与每个家庭建立关系，这样提问时就不会让他们过于防备。

- 如果有语言上的差异，记得要处理好。尽可能清晰地说话，使用短句和简单的词汇。避免使用专业术语。学习一些家庭语言习惯中的词汇并经常使用它们。
- 使课堂反映出身处其中的人（包括家庭成员和工作人员）的语言和文化。欣赏并推广每个家庭的母语。
- 解释课程或课堂的常规。有些家庭可能来自风俗迥异的国家。
- 承认紧张并思考紧张的原因。你和家长之间的紧张关系很可能是由文化差异造成的。
- 询问家长关于养育孩子的做法。当你不理解某个特定的行为或实践时，了解一下他们国家的人都是怎么做的。试着针对你们的差异进行交流，这样家长们就会明白——这是差异，而不是他们的缺陷。
- 了解对残疾儿童和残疾成人不同的态度、做法和看法。
- 充当家长文化与课堂文化或早期保育项目文化之间的桥梁。帮助家长理解教室或机构中的做事方式。
- 记住，你是一个权威人士，大多数家庭都希望得到你的认可。
- 建立鼓励对话的、充满信任的氛围。在讨论问题之前先建立信任，讨论问题时尽量避免使用批评的语气。反之，多表达关心和爱护。
- 记住，移民给整个家庭带来了很大的压力。那些原本在自己国家自信能干的人现在正努力学习一些基本技能。他们可能患有抑郁症。但是，许多把孩子送到早期保育与教育项目中的移民仍对未来充满了希望，而你们是这希望的一部分。
- 欣赏他们的文化，支持并帮助他们适应新国家的生活。

策略 3　让特殊需要儿童的家庭参与进来

教师需要知道什么

法律现在要求为正常发展儿童所设立的教室和中心需要接受有特殊需要的儿童。所有儿童都必须在最不受限制的环境中得到照护与教育，所有人都应像正常发展的同龄人那样得到服务。这项法律造福了所有人——不仅仅是有特殊需要的儿童和家庭。如果一个机构或学校是全纳的，那么每个人都将受益于以下几点：

（1）广泛的多样性是额外的收获。每个人都能从与自己不同的人的相处中受益——孩子和家长都一样——尤其是如果早期教育专业人员知道如何帮助他们欣赏差异并以尊重的方式与他人互动。

（2）特殊需要儿童受益于和正常发展的同龄人融合在一起，而不是被隔离到特殊教育项目中。比起生活在专门为他们设计的特殊教育项目中，他们更容易学会如何在一个充满形形色色的人的世界里生活。正常发展的儿童通常也会从与各种各样的人的相处中受益，而不仅仅是与自己相似的人相处。

（3）教师能够学会通过扩充自己的知识来满足各种各样的需求，其中一些需求可能是他们在经历全纳教育之前没有遇到过的。

（4）特殊需要儿童所在的家庭受益于和正常发展儿童的家庭融合，从而了解对方以及对方的成就和挑战，反之亦然。

教师能做什么

- 如果特殊需要儿童或残疾儿童的家长没有以孩子维护者的身份来到教室,你要鼓励他们承担起这个角色。他们需要这些技能,因为他们的孩子早晚要从你的课堂上离开。如果他们已经是孩子的维护者了,你就要赞赏这一点。你可以从家长和他们认识的专家那里学到很多东西。

- 在必要时给予所有家庭情感上的支持。要认识到特殊需要儿童的家庭可能需要更多的支持和理解。虽然许多家长在处理自身情绪上已经有了丰富的经验,但有些人仍处于因发现自己的孩子发展异常而感到悲伤的阶段。愤怒、悲伤、怨恨、沮丧和内疚的情绪很常见。

- 不要对那些否认或过分保护自己孩子的家长评头论足。接受他们真实的样子,并认识到这是家长在他们自身处境下的常见反应。

- 要知道,一些家长有很多与专业人士共事的经历,他们对你的反应可能与你个人无关。如果他们与其他专业人士的交往经历是负面的,那么与那些几乎没有任何同专业人士共事经历的家长相比,你可能需要花更多的时间来与这些家长建立关系。

- 准备好跟与家庭合作的专家(如果有的话)进行协调,团队合作对满足任何儿童的需求来说都是重要的,让专家和家庭成员都加入团队可能有助于满足一些儿童的特殊需求。家长可能比你更了解孩子的情况,而且和他们一起工作的专家可能具备你可以利用的专业知识。

- 使用"以人为本"的术语。不要说"残疾儿童",要说"特殊需要儿童"。不要说"特殊需要家庭",要说"有一个特殊需要儿童的家庭"。

- 为儿童和家庭成员提供融入项目或课堂的机会。把这个家庭介绍给其他家庭，帮助他们互相了解。
- 了解所有家庭都可以获得的社区资源。特殊需要儿童的家庭可以根据他们的经验帮助你扩展对社区资源的了解。
- 本书其他适用于一般家长的策略也同样适用于特殊需要儿童的家长。

这是一个家长受益于参与全纳教育的故事。

  一位母亲在宝宝17个月大的时候，第一次带他去学习"妈妈和我"的课程。她的孩子生下来就有心脏缺陷，幼时做过几次手术。他平时接触的几乎都是心脏病专家和医疗程序，幼儿园课程对他和他的母亲来说是一种全新的体验。当母亲看到与她儿子年龄相仿的其他孩子所掌握的技能时，她感到很震惊。这是她第一次和孩子们在一起，而不是只和自己的孩子在一起，她也不知道她的孩子所面临的发展问题——为了挽救他的生命而忽略的问题。从那天起，她发誓要把更多的精力放在儿子的发展，而不是他的健康问题上。她马上与一直给儿子看病的专家们谈了谈，他们给了她需要的资源。她还在继续学习这门课，并且因儿子有机会和同龄孩子一起玩耍而感到高兴。她和其他所有人都很高兴地看到，这个男孩进入了一个适合其发展和有利于满足其需要的环境，而且在很短的时间内取得了进步。

策略 4　创造一种反偏见的环境

教师需要知道什么

尽管"反偏见"这个词在有些人看来是不必要的负面词汇,但它属于一种特殊的传统,而且从事早期教育工作的人应该知道。"支持多样性"给这个词赋予了积极的意义,但并没有以同样的方式将其与反偏见运动联系起来。许多早期教育专业人员和家长是在路易丝·德曼-斯帕克斯(Louise Derman-Sparks)和反偏见课程工作组(the Antibias Curriculum Task Force)于 1987 年撰写的《反偏见课程》(*The Antibias Curriculum*)一书中第一次听说这一运动。这本书在 2010 年由斯帕克斯和朱莉·奥尔森·爱德华兹(Julie Olsen Edwards)修订更新,新版为《面向儿童和我们自己的反偏见教育》(*Antibias Education for Young Children and Ourselves*)。

什么是反偏见环境?它是一个对任何特定群体都没有偏见的环境,它是一个可以接纳所有人的环境。让我们从反偏见运动前的一个典型早期教育环境开始说起,你大可以走进当时任何教室或儿童照护中心,环顾四周,看看墙上、戏剧活动区、图书区和冰箱里都有些什么。你会发现图画、书籍、拼图上都是有欧洲血统的家庭和孩子;在某些地方,你会发现"社区服务者"都是白种人,而且有明显的性别区分——消防员、警察和医生都是男性,教师、护士和图书管理员都是女性。尽管你见到的食物可能反映了当地的饮食习惯,但它很可能是那个地区

策略 4　创造一种反偏见的环境

的欧裔美国人最熟悉的食物。即使员工是多样化的，环境也无法反映这种多样性和他们的背景。此外，很明显，领头的人属于一个群体，助手和清洁工属于另一个群体。这不是古代才会发生的事，就在今天，你仍然可以在一些教室和其他早期教育机构中发现这种情况，尽管现状已经有所改善了。

现在让我们到一个反偏见的环境中走一走。假设你进入了教室或儿童照护中心，环顾四周，看到墙上的图画展示着儿童和他们家庭的多样性，以及更广泛的社会多样性。你会注意到女性担任不同工作和角色的照片，也会注意到男性担任不同角色的照片。当你走到图书区，你会发现这种多样性不仅体现在图片和故事中，还体现在语言中——有各个国家语言的书籍，有些是买来的，有些是自制的。教室里有一个戏剧表演区，这是为今天的家务表演而设立的，你可以看到各类家庭中的物品和食品容器。一位母亲正坐在一张桌子旁，帮助几个孩子做玉米饼当点心。

在本周早些时候的小组活动中，一位祖父走进来，给所有的孩子讲了一个来自其文化的故事。今天的小组活动中，孩子们坐在地板上，旁边的教师正在用两个玩偶讲故事，而她说的并不是英语。这些玩偶是孩子们熟悉的——他们已经知道了玩偶的名字、个性、家族史以及它们的文化。这个故事与两个玩偶之间发生的事情有关，孩子们对故事很熟悉，因为最近他们中的一些人在操场上也发生了类似的事情。教师让孩子们帮助两个玩偶解决它们的问题，孩子们提出了很多想法。

富有创造力的教师总能找到将多样性带入课堂的方法，把家长作为资源是其中一种。供应目录曾经只提供少数代表多样性的项目。当然，现在你可以买到绘制不同人种肤色的蜡笔，而以前盒子里只有一种"肉色"蜡笔，还是淡粉色的。社区服务者也更加多样化。

不仅仅是"物品"创造了一个反偏见的环境，环境也会受身处其中的人们的态度和行为所影响。组织氛围也能影响环境，在一个以反偏见环境为目标的组织中，任何等级的岗位和工作角色上都有各种各样的人——老板不一定是欧洲裔美国人，清洁工和园丁也不一定是新移民。反偏见还体现在人们的交流方式以及表现出来的尊重和开放态度上。

教师能做什么

- 阅读斯帕克斯和爱德华兹撰写的《面向儿童和我们自己的反偏见教育》（第二版）。
- 分析你所处的环境，看看它是否欢迎所有身处其中的人。然后对早期教育环境根据以下内容进行分析。
- 这种环境是否反映了那些住在社区而没有进入教室的人？
- 考虑一下怎么让任何环境都对所有人友好并能反映他们的想法。
- 意识到你自己的行为会传达出你的偏见和歧视。
- 尊重所有的家庭，不要草率地对他们做出判断。
- 面对分歧要保持积极的态度。
- 对家长所拥有的与你完全不同的信息、经验和理解给予信任。家长从他们的文化背景、历史和生活方式中积累了所谓的"知识储备"，而这些知识可能是教师认识不到的。
- 了解他们的知识储备。
- 让家长参与进来——请他们引入自己的文化。
- 请注意项目进行过程中家长之间发生的事情，并考虑帮助他们解决分歧，就像你帮助儿童一样。但是请记住，你不可能成为所有人的一切，所以如果成人调解人的角色不好当，也许应该由其他人去做。

这里有一个态度偏见的例子。对大多数早期教育工作者来说，这似乎是一种"正确的态度"，但一些家庭认为这种态度是有偏见的。故事是这样的：一位教师在新幼儿园上岗的第一天看到一些孩子在假装

策略4　创造一种反偏见的环境　　　　　　　　　　　　　　　　　　　17

互相开枪，她非常生气。虽然游戏中并没有玩具枪，但孩子们把手指或其他物品当作枪。他们玩的是战争游戏。这位新教师决定第二天利用圆圈教学时间做一个活动，目的是告诉孩子们枪支是不好的，战争游戏是错误的。在那天下午的员工会议上，她提出了自己的苦恼和计划，她认为这是一个大问题。她没完没了地说，甚至把教室里的"枪战"归咎于家长。另一名教师在军人家庭中长大，并嫁给了一名士兵，她质疑了前者对枪支游戏的片面看法，认为这个问题需要更多的讨论。她谈到了自己的孩子和他们对父亲的担忧。她的孩子知道父亲在海外待了一段时间，知道他身处战区，知道他处于危险之中，知道他在为自己的国家而战。她谈到孩子们如何表达他们的恐惧。她并不认为枪支是不好的，它只是必要的。另一名曾经是猎人的教师也加入了讨论，提到学校里也有猎人家庭。他们珍视自己的枪支，也教育自己的孩子这么做。讨论从长篇大论的抨击变成了对枪支的不同看法，虽然没有一个教师希望游戏中出现玩具枪，但他们对如何处理儿童假装游戏的问题有不同的看法。故事的重点不在于如何解决问题，而在于如何说出大家的不同之处，并从偏见的态度转向更开放的态度。

这间教室在西海岸的一所乡村学校之中，那里有很多说西班牙语的家庭，他们大部分来自墨西哥。

阳光谷学校新闻

特别活动

杰森·洛佩兹报道"五月五日节"庆祝活动。

5月5日，我们庆祝了"五月五日节"。我们进行了三场表演，一场来自戈麦斯夫人的班级，另一场来自约翰逊女士的班级，还有一场来自史密斯先生的班级。戈麦斯夫人的班级创作了一首名为"格兰德牧场"（Rancho Grande）的歌曲。约翰逊女士的班级举行了一次舞会。史密斯先生的班级上演了一出戏剧。我们了解到"五月五日节"是关于墨西哥人如何赢得一场重要战役的。在大会上，我们的学生会主席杰里克·帕拉科夫为每个班级分发了鲜花。

杰森·洛佩兹

策略 5　尊重所有家庭，包括同性父母家庭

教师需要知道什么

《在圈子里腾出空间：处于早期教育环境中的男女同性恋、双性恋和跨性别家庭》(*Making Room in the Circle: Lesbian, Gay, Bisexual and Transgender Families in Early Childhood Settings*, Lesser et al., 2005)一书中明确指出，早期教育工作者必须接纳所有家庭，甚至包括那些他们可能不太了解的家庭。当任何家庭被忽视时，他们都能强烈地感受到，并且伴随着"沉默、隐形、秘密和羞耻"的感觉（Lesser, Burt, & Gelnaw, 2005）。

忽视家庭意味着什么？过去，很多家庭都被忽视了，因为教室里主要反映的是拥有欧洲血统的白种人，就像教师们在大学里所研究的历史书只讲白种人的历史——而且只有男性白种人的历史。这一领域的愚昧早在20世纪六七十年代就开始得到解决，但是直到今天，LGBT［女同性恋者（lesbian）、男同性恋者（gay）、双性恋者（bisexual）和跨性别者（transgender）］家庭才刚刚开始在面向早期保育与教育项目的书籍和图片中得到承认。根据莱塞、伯特和盖尔诺（Lesser, Burt, & Gelnaw, 2005）的研究，"儿童的身份认同和自我意识与家庭有着密不可分的联系。如果孩子们从来没有听到过描述他们家庭的话语，也没有看到过描述他们家庭的图片，会怎样？这种情况传达出的信息很明确——'你的家庭不值得一提'"。

策略 5　尊重所有家庭，包括同性父母家庭

本书上一版的一位书评人建议在这一修订版中提及——同性父母的主题仅仅是关于另一种家庭类型而已。问题不在于同性恋，而在于接受差异。当儿童感受到不能谈论自己家庭的不成文规定时，他们就会出现身份认同问题。他们的学校生活和家庭生活被分离，自尊心也会受到影响，进而还会影响他们的学习能力。尽管没有人说他们的家人不受欢迎，但这种默认传达出了这样的信息。

然而，仅仅在书籍和图片上做改变是不够的。早期教育工作者需要了解影响 LGBT 家庭的各种条件（包括政治、法律和社会经济条件）。此外，重要的是要理解"LGBT 家庭面临的危险：失去孩子、身体暴力、房屋和财产受到威胁、就业不稳定、经济不安全以及被原住民家庭排斥。当教育工作者认识到这些情况时，为儿童提供照护与保护的伦理责任就有了新的意义"（Lesser et al.，2005）。

意识到 LGBT 家庭中存在的文化差异同样重要，这种差异可能会让他们的生活变得更艰难或更容易。例如，一些印第安人相信所谓的"双灵人"。双灵人拥有同时在身体里存储男性和女性灵魂的天赋，这赋予了他们从两个角度看世界的能力。

你的课堂或项目目标应该是创建一个具有包容性的学习共同体，让身处其中的每个人都感受到安全感和归属感。实现这个目标的一种方法是建立合作关系，该方法同样适用于包含 LGBT 家庭在内的项目。此外，可考虑下面列出的这些方法。

教师能做什么

- 意识到高质量保育与教育项目的目标是让所有儿童对自己感觉良好。教师支持这一目标的一种方法是接受儿童的家庭，即使教师自己可能不认同这个家庭。绝对不能让孩子们接收到关于他们家庭的负面信息！
- 以家庭为中心的项目为儿童提供了最好的教育和支持。为了实

现以家庭为中心，早期教育专业人员要与所有的家庭（包括LGBT家庭）合作。

- 创造一个安全和信任的环境，机密性是这种环境的重要组成部分。
- 创造一个欢迎的环境，允许所有家庭之间以及家庭与教师或工作人员之间建立关系。
- 忘记你对性取向和性别认同的所有偏见。压迫就是压迫，你不能那样做——不管是支持压迫制度，还是自己有歧视行为，抑或是内心持歧视态度。
- 学习与LGBT家庭相关的恰当用词。不要以为你知道别人想被如何称呼，要去学。莱塞、伯特和盖尔诺书中的词汇表（2005，pp. 9-14）肯定会教你一些你不知道的东西。
- 认识到LGBT父母有很多其他父母没有的困难，比如，维护他们作为一个家庭而存在的权利，或者为了孩子的安全而保守家庭的秘密。他们还面临着一系列不同的法律问题，这些问题涉及婚姻、就业福利、收养、离婚和子女监护权。
- 认识到接受挑战会让你更强大。与自己的信念做斗争，同时尊重所有的家庭，这似乎是难以招架的。如果你的内心没有挣扎，你可能会发现你的同事之间、同事和家长之间或家长之间都在挣扎。如果这种挣扎一直存在，你可能很难与人建立良好的关系，但你必须尽自己最大的努力。
- 尊重所有家庭的一个简单策略就是检查你的表格。表上是否有把"母亲姓名"和"父亲姓名"区分开的空格，还是它仅仅显示了"家长（们）姓名"？
- 小心母亲节和父亲节这样的节日，因为不是所有的孩子都和父亲或母亲有联系。这个问题不仅仅适用于LGBT家庭，还有许多孩子生活在单亲家庭，与双亲中的另外一个可能也没有联系。

策略 5　尊重所有家庭，包括同性父母家庭

让我们跳过母亲节和父亲节，只庆祝父母节怎么样？
- 关注家庭的优势，而不是劣势。和所有的家庭一样，LGBT 家庭也有其独特的优势。此外，他们可能有一些直接关系到他们所面临的挑战的优势，如表达他们真正是谁的能力、承担风险和走向新型社会结构的意愿、成为家长的强烈渴望和承诺、韧性以及对抗歧视的能力。

50 STRATEGIES FOR COMMUNICATING AND WORKING WITH DIVERSE FAMILIES

第二部分

与家庭的合作关系

策略 6　建立合作关系

教师需要知道什么

在学校和其他早期保育与教育项目中,与家庭建立合作关系并不是一项规定。事实上,如果探索一下早期教育专业人员和家庭之间的关系,你会发现很大的不同。专业人员的脑海中(可能是无意识地)有一些关于专家/外行、专业人士/客户、服务者/被服务者的形象预设。真正的合作关系并不符合这些形象。合作关系需要双向的互动和承诺,它不是自上而下的。

合作双方不一定要相似,他们不需要有相同的技能。事实上,当合作伙伴具有不同的优势时,合作关系会更好地发挥作用——这些优势是互补的。但是在关系中拥有权利感是双方都需要的。

如果要建立一种合作关系,应当由教师、照护者或园长来发起。所以在某种程度上,除非合作关系是强制性的,否则一般都要靠专业人员来实现。让我们来看看专业人员建立和支持合作关系需要些什么:

(1)一种强烈的职业意识。职业人士的形象通常是有点冷漠和与人疏离的,商务服装常常出现在他们的形象中。但大多数早期教育专业人员都与这一形象不相符,如果他们想与家庭成员成为伙伴,他们就不能这样。他们需要建立关系,这就意味着他们不能是冷漠、与人疏离的,而必须是温暖、有风度的。

(2)尊重自我和尊重他人是专业人员与家庭建立合作关系的两个

关键组成部分。

（3）明确建立合作关系的重要性，并承诺这样做。

（4）敏感、能够自我反省并拥有良好的处事技巧。

同专业人员和家长分开提供早期保育与教育相比，与家庭建立的合作关系能够使所有人受益并更好地为儿童服务。家长对孩子的了解与专业人员不同，他们有专业人员没有的关于孩子过去和现在的信息，并且有对未来的愿景，他们对自己孩子的了解比专业人员多得多。专业人员通常比家庭成员更了解儿童，但却不够了解这个家庭里的这个孩子；他们知道这个孩子离开家人之后，在早期教育环境中是如何与同龄人相处的、如何与不认识的成人相处的。所有这些信息、知识和经验汇集在一起，才能给每个孩子最好的照护和教育。

当看到自己的老师或照护者与自己的家长一起工作时，儿童会感到更安全。老师或照护者与家长一起工作的时间越长，家庭生活与中心或学校生活之间的一致性就越高。如果保育和教育环境与家庭环境相和谐，儿童离家时可能就会感觉更舒适。儿童年龄越小，这种一致性的保持就越重要。对于很小的孩子来说，要他们理解自己在一个地方的行为和在另一个地方的行为应该是不同的是件很难的事，尽管儿童在成长过程中会逐渐生成这种理解且小学阶段的大多数孩子已懂得适当的学校行为（尽管他们可能并不总是按照懂得的那样去做）。那么，问题在于，要求每个孩子一开始就必须适应一种陌生的环境，这对他们有好处吗？

专业人员通过学习更多的有关家庭差异和传统的知识，努力与家庭建立合作关系并从中获益。他们在体验文化差异的过程中获得了人类学信息。当他们愿意把自己当作家长的合作伙伴时，他们就可以工作得更好、获得更多的满足感。

采取合作的方式有利于父母和其他家庭成员更好地了解早期教育的一般工作原理和其孩子所参与项目的特殊情况。通过参与到这个项目中，家庭成员在不同环境中对自己的孩子有了更多的了解，并能想象出他们不在时的情景。他们也可以在家里继续扩展孩子在学校或中心里的活动。当孩子追求新的兴趣和项目时，父母和其他家庭成员往往对孩子视野的扩展和技能的提升表现出欣慰和高兴。

与家庭建立合作关系的策略有很多。事实上，本书中的每一个策略都与建立合作关系这一目标有关。下面列出了另外一些策略。

教师能做什么

- 如果你还没有支持系统，那么就创建一些。要创建与家长的合作关系，你需要以下几个方面的支持：
    - 你的领导，如校长、董事、董事会或顾问委员会。
    - 关于与家庭建立合作关系的价值的政策和既定的哲学观点，以及一些支持它们实现的具体方法。
    - 你可以与同事商量和交谈。
- 找时间交流。如果你没有时间和家长交谈，你们之间就不会有合作关系。这种策略需要的不仅仅是意愿。这就是宣传和倡导的意义所在。你需要额外人员或类似形式的支持，这是你一个人无法解决的预算问题。
- 磨炼你的沟通技巧。合作关系有赖于围绕共同期望的明确沟通。信息交流对合作关系至关重要。最重要的是，找出如何与每个家庭沟通的方法。交流不仅仅是在门口打个招呼，说声再见，开一两次会议，看看定期的时事通讯、电子邮件或网络博客。首先，并不是所有家庭都能理解和说英语，即使是那些能理解和说英语的家庭也不一定能阅读。如果大多数家庭都说同一种语言——一种你不会说的语言——考虑学习它。如果你要接触一个不会说英语的家庭，就找个翻译。如果你要接触不止一种语言背景的家庭，就多找几个翻译。有时这些家庭中本身就有可以翻译的人,或者参加你的项目的其他人也可以翻译。发挥创意!是的,沟通是一种挑战,但也很值得一试。
- 如果你还没有家访过,就可以考虑进行家访。家访有助于建立与家庭的合作关系,因为你可以在他们自己的地盘上看到他们。参见卡罗尔·希尔曼(Carol Hillman)的文章《交换》(Exchange,2011)。
- 不要在你的头脑中保持一种放之四海而皆准的合作关系的形象。不同的家庭喜欢不同程度的合作关系,要从每个家庭中找出他们对什么程度感到满意。想办法让家长参与进来,而且你越灵活应变,就越有可能让更多的家长参与进来。

策略 7　消除合作障碍

教师需要知道什么

与家庭有效沟通和合作的最大障碍是许多早期教育专业人员对家庭的态度以及家庭对他们的态度。一些早期教育专业人员对家长有偏见，他们把自己置于应该和他们一同合作的群体之上。这可能是一种无意识的态度，但它会表现在行为上。当专业人员形成这种观念时，它也会体现在语言中。有意识或无意识的刻板印象也会妨碍其与家长建立合作关系。例如，在员工会议上，我们不止一次听到这样的话——有人叹了口气说"哦，你知道家长是怎样的人"。这是在以偏概全。而批评性地说"哦，那些家长"也可以表明一种刻板印象，即某个群体中的家长并不真正关心他们的孩子。

探究人们对家庭持消极态度的原因，我们可以看到一种代代相传的模式。当一个群体感到被压制、缺乏自尊、被社会贬低时，这个群体的成员有时会环顾四周，看看谁比自己的地位更低。由于早期保育与教育是一个地位相对低下的领域，因此其从业者没能获得与更高层次教育中的教师同等的尊重。事实上，那些照顾 5 岁以下儿童的人有时甚至被视为保姆。一位美国总统曾建议用志愿者、祖母和其他善良的社区妇女来代替儿童保育人员，这样支持儿童保育的公共税收就可以节省下来。反对这一举措的一个重要原因是，保育和教育永远不能分离。另一个原因是，教育质量会有所不同。尽管从事儿童早期教育工作没什么可羞耻的,但许多照护 5 岁以下儿童的人仍然难以自我感觉良好,特别是当教师的工资并不像其他专业人士那么高时,而且一般的幼儿园或托儿所的教师(即便是那些拥有学士和硕士学位的人)在经济上依然处于贫困水平。

要消除目前阻碍合作的这种态度,需要在几个层面上做出改变。早期教育工作者,作为个人和群体,必须努力以不同的方式看待自己;必须自豪而坚定地挺起胸膛,视自己为专业人士,并抛弃自己比"保姆"略胜一筹的观念;必须与家庭和专业组织合作以提倡提高工资和地位。

最重要的是,他们必须以专业人士的身份行事,这意味着要抛弃对家长可能抱有的任何偏见。当专业人员试图建立专业性时,他们可能会强调自己的知识储备,而忽视家庭成员的知识储备。他们也可能会摆出一副他们认为很专业的架势,比如保持冷静、疏远和情感上的超然。作为一个专业人士,早期保育与教育从业者仍在探索专业化和保持自身地位的意义,同时与其他早期教育专业人员以及所服务的家庭和儿童建立关系。过于情绪化和过于亲密会成为问题,但保持距离、疏离和超然也是个问题。

另一方面是家庭成员如何对待早期教育专业人员。一种解释可能是,有些家庭成员的社会经济地位比其孩子的老师或其他早期保育与教育提供者高得多,因此瞧不起他们。这些家长习惯于在工作中拥有权力,可能会把和孩子一起工作的人视为下属。一位幼儿保育教师被告知她必须系上围裙,但她拒绝了,因为她不想让家长觉得她像他们的女保姆。

家长对教师以及保育与教育提供者持消极态度的另一种解释可能是,家长认为他们处境相同且地位一样低。而家庭成员可能会寻求超越这一水平,这样他们就可以俯视早期保育与教育的工作人员或提供者。

策略 7　消除合作障碍

教师和家长建立合作关系的另一个障碍可能与成人（们）的早期经验有关。一些家庭成员在自己上学期间可能有过不好的经历，仅仅是再次进入教室就可能让他们感到不舒服。消除这一障碍可能并不容易，但家访可以提供在课堂之外建立关系的机会，这种关系能鼓励家庭成员尝试进入教室。

教师能做什么

- 意识到自己可能在以偏概全并及时制止自己。当孩子的父亲或母亲让事情变得麻烦时，早期教育专业人员向同事抱怨父母的情况并不少见。记住，仅仅一个父亲或母亲给你带来麻烦并不意味着所有的父母都会这样。
- 避免刻板印象。仅是生活在一个存在种族歧视和性别歧视的社会里，我们就能无意识地接受刻板印象。媒体上到处都是这样的情况——例如，取笑有口音或能力不同的人。意识到自己的刻板印象并克服它们。努力从一个你可能会产生刻板印象的群体中了解一些个体，这会增进你对他们的理解。
- 当有人令你烦扰时，做些自我反省。我们不喜欢的人身上的特质往往是我们自己有但看不到的特质。它们可能不会表现出来，因为我们正忙着压制它们，但当它们出现在别人身上时，就会深深地触动我们，而这正是我们最脆弱的地方。这就是所谓的"投射"，正如谚语所说，我们更像是自己最大的敌人，而不是朋友。
- 要意识到角色的力量有多么强大。同样身为家长的教师，在与幼儿家长的交流中可能会忘记这一点。
- 培养自己的自尊心。照顾好自己、支持自己、学习自信的技巧。
- 提高你的职业素养。作为早期教育事业中的一员，你是比你自己更重要的事情的一部分。

- 认识到你所拥有或正在获得的知识体系是重要的。不要低估你自己的知识，即使你想对那些不具备相同知识的家长保持开放和敏感。

这里有一个故事形式的例子，它与我们扮演的角色有多强大，以及这些角色如何影响我们的行为有关：一位早期教育工作者，同时也是一位家长，去她女儿的学校参加家长会。虽然她和女儿的老师是朋友，也和他谈过很多次话，但她一进教室就感觉不一样了。她不是作为朋友来的，而是作为家长待在那里。当她坐在桌子另一边的小椅子上时，她感到有些害怕，尽管她知道在一定程度上是那些桌椅影响了她。当老师拿出成绩册、她女儿的档案夹和教师笔记时，她感到僵硬和不舒服。老师似乎也有同样的感觉。她意识到他们所扮演的角色正在影响他们的互动。会议结束时，老师递给她一块饼干，会议的气氛立刻变了。当她起身走出去时，她又恢复了常态。当事情发生的时候，她能意识到正在发生的事情，但似乎无法使情况变得轻松起来。

策略 8 尽量减少与家长的竞争

教师需要知道什么

合作关系的一个巨大障碍是专业人员和家长之间的竞争感。有时家长观察到他们的孩子在教师或早期护理人员身边比在他们身边表现得更好,这会让家长感到没有安全感。重要的是,专业人员要向自己和家长承认,造成这种差异的部分原因与技能无关,更多的是与依恋有关。当孩子们感到不安、恐惧时,他们可能害怕表现自己。而家长一到,他们就会再次感到安全和不那么拘束。这种感觉就会导致问题行为。此外,相对而言儿童与家长的关系更密切,这意味着他们在家长面前表现出的情感可能是充满激情或更加强烈的。在教师身边只表现出轻微愤怒的孩子,可能会在父母在场时表现出情绪崩溃。也可能是因为专业人员掌握了家长所没有的技能,但这两个原因都需要考虑。

竞争的另一个因素是,新来的或没有安全感的教师会试图证明自己比家庭成员懂得更多。当教师比家长年轻时,这可能会成为一个问题,教师也可能因此变得具有防御性。当教师和其他早期教育实践者试图将自己塑造成真正的专业人士时,他们可能会炫耀自己的知识和力量。那些对自身育儿能力感到不自信的家长可能会把专业人员看作比自己更有能力、更有知识的人。

家长和专业人员之间的一个非常敏感的问题是对孩子的爱的竞争,不管这种爱是真实的还是感知的。这种竞争对成人之间的关系非常不利。对于教师或任何与孩子一起工作的人来说，有时候很难不与家长争夺孩子的爱，因为这种爱是如此让人有成就感。尽管在早期保育与教育项目中儿童对成人的依恋是很重要的，尤其是对年龄较小的孩子而言，但即便是能够意识到这一点的家长，如果意识到竞争的存在，也可能会感受到嫉妒的痛苦。

教师能做什么

- 认可家长所拥有的知识。尽管早期教育专业人员通常是儿童方面的专家，但家长才是关于他们自己孩子的专家。如果要为孩子提供最好的照护和教育，这两个方面的专业知识必须结合起来。如果家庭文化和你的文化大不相同，这可能是个更大的问题。如果他们的文化习惯与你所接受的不同，这也是个问题。
- 让孩子的家长放心，他们是孩子生命中最重要的人，而且你很清楚这一点。
- 注意你可能在什么时候创造出竞争的环境。
- 小心不要让孩子形成过度的情感依赖。可能的迹象包括小孩子总是想要靠近教师或紧紧地抱住他（她），而大一点的孩子可能会通过寻求教师的关注来表现出过度的情感依赖。问问你自己："这个孩子想和我建立如此亲密的关系，这对他有好处吗？"当孩子们太过在乎教师的时候，这对教师和家长来说都很麻烦。
- 要意识到你自己对孩子的情感依赖。一位请假两天的教师承认，孩子们没有像以前那么想念她，这让她很伤心。
- 对自己和孩子之间的肢体接触要敏感。如果这让某个家长感到困扰了，你就要格外注意。
- 注意自己是否有"拯救孩子"的倾向。要对任何把孩子从家里拯救出来的感觉有意识。这种倾向对于在早期保育与教育项目中与幼儿一起工作的人来说并不罕见。有时，随着一个人的专业发展，这个阶段会过去。我们无法控制自己的情感，但我们可以对自己诚实，并阻止自己采取行动。

我还记得当我被自己所认为的"救世主情结"困扰时的样子。那时我是一名新上任的幼儿园教师，认为自己的职责是将很多儿童从他们的父母那里拯救出来（并不是所有的父母——有些是我认可的——像我这样的父母），我不仅从事着拯救儿童的事业，还将通过我对儿童所做的工作拯救整个世界，让他们成为比上一代更好的人。那时的我真是趾高气扬。我很高兴地说，当我意识到父母在孩子们的生活中所扮演的角色比我以往任何时刻都重要，并且我需要和他们合作，而不是看不起他们时，我就走出了那个阶段。

策略 9　支持依恋

教师需要知道什么

尽管教师和其他早期保育与教育从业者同儿童之间的依恋关系会对其与家庭的合作关系造成困扰，但对所有儿童来说，这种依恋关系很重要。孩子越小，在早期保育与教育项目中就会产生越多的依恋。这一条策略聚焦于和3岁以下的婴幼儿一起工作时，教师所面临的幼儿依恋障碍的原因和可采取的适当方法。可以把这一条策略看作依恋障碍的解释性预防措施。依恋障碍会阻碍发展，妨碍人际关系，使学习变得更加困难。这一条策略的重点是解释如何帮助那些在幼年即接受家庭以外照顾的孩子在幼儿园或小学中感到安全、与他人相处以及在发展和学习中取得进步的能力没有受到损害。并不是说单靠一个婴幼儿项目就能预防可能在家里发生的依恋障碍，但它可以在很大程度上帮助降低损害。这就是为什么在婴幼儿项目中，与一个或几个特殊的人建立关系是至关重要的。虽然孩子们在家里有着牢固而亲密的关系，但是如果他们每次离开家的时间超过几个小时，那么他们仍然需要一种私人的、稳定的、持续的关系。信任感和安全感来源于适当的依恋以及对孩子发展和学习的允许。

对人类大脑的研究表明，在生命的最初几年，依恋和照护关系非常重要。布鲁斯·佩里（Bruce Perry，2006）在他的演讲和著作中谈到，当婴儿经历持续的虐待和忽视或生活在异常紧张的环境中时，冲刷大脑的有害化学物质就会形成。没有依恋，婴儿就会受苦；有了牢固、健康的依恋关系，婴儿就会有更好的机会以较小的伤害度过艰难时期（Perry，2006）。皮克勒研究所（The Pikler Institute）是匈牙利布达佩斯一家可为婴幼儿提供住宿的托儿所，它的理念是，对照护者的依恋是婴儿早期生活的一个重要组成部分，它甚至能够使缺乏自理能力的婴儿成长为完整、健康、功能完善的成人。戴维和阿佩尔（David & Appell，2001）、蒂姆·冈萨雷斯-米纳（2004）、皮特里和欧文（Petrie & Owen，2005）以及肖恩科夫和菲利普斯（Shonkoff & Phillips，2000）为照护关系提供了强有力的论据。当婴儿在一种健康的依恋关系中感到安全时，他们的大脑能够在不受有害化学物质干扰的情况下发育。对适应能力较强的儿童的研究表明，在面临持续困难的情况下，即使只是一段亲密和照护的关系也能发挥作用（Werner，1995）。

对照护者、教师或供养者的依恋是许多家长关心的问题。"如果我的孩子在我工作的时候有大段的时间没在我身边，他们还会爱我吗？"如果教师和照护者能够意识到家长有这种顾虑，就应该努力让他们放心。

当看到自己的孩子依恋家庭以外的人时，家长可能会有矛盾的感觉。对一些人来说，孩子离开家后感到舒适和安全是值得欣慰的，但随之而来的是被取代的感觉。有些家长为了孩子的爱而竞争。当照护者和教师看起来比家长知道得更多、技能更高、能更好地照顾孩子时，竞争的感觉可能是毁灭性的。

做一名教师、照护者或供养者与做一名家长是截然不同的，尽管儿童应该对这两方都产生依恋。以下是照护者与家长的一些不同之处：

- 儿童对家长的依恋比对专业人员的依恋更紧密，也理应更紧密。
- 儿童与家长一同经历过去和未来。其与早期教育专业人员的关系是比较短期的，只有一些家庭保育提供者才可能与同一名儿童一起工作 11 年或 12 年，如果该儿童有兄弟姐妹，照护者与该家庭的合作关系可能更长。但即便如此,孩子的未来仍然掌握在家长手中,而不是那些专业人员手中。
- 儿童与早期教育专业人员关系的长短是难以预测的。如果家庭改变计划或远离学校,孩子们可以随时离开这个项目。

随着年龄的增长,如果儿童有了坚定的自我意识,在家里有了安全感,就基本不需要在外面的项目中与成人建立如此亲密的、一对一的关系。幼儿园和小学教师所管理的儿童较多,师幼比较低,所以与婴幼儿项目相比,教师对儿童的一对一的关注下降了。即使在这些情况下,理解这些关系的价值的、有经验的教师仍然可以与儿童形成健康的依恋关系,从而使所有的孩子都感到被重视并与他们的教师亲近。

教师能做什么

- 认真对待依恋。如果你在一个婴幼儿项目中工作,而促进依恋关系的方案还没有到位,那就尽你所能地去创造这些方案。这可能并不容易,因为这些方案往往是由项目结构所决定的。在这种情况下,主动倡导就变得至关重要。促进3岁以下的婴幼儿形成依恋的方案应包括:
  - 小班规模——婴幼儿的年龄越小,分班的规模就应该越小。从婴儿说起,较理想的班级规模是6名婴儿,并伴有2名照护者。通过这种方式,照护者可以对合理数量的儿童及其家庭有所了解(Lally, 1995)。随着儿童年龄的增长,班级的规模也会扩大。在一些州中,幼儿园到小学三年级合理的班级规模是20人。
  - 主要照护者——尤其是对3岁以下的孩子来说,每个专业人员都应该有几个主要负责并与之建立依恋关系的孩子。这不是一种具有排他性的关系,同时也应该有其他照护者了解每个幼儿个体和整个儿童群体（Lally，1995）。到了学前班阶段，尤其是孩子们已经学会了如何在同龄人中发挥自己的作用时，仅一位教师即可工作，而教室里有几个成人（包括一些家长志愿者）也是可取的。这样，孩子们就能从成人那里得到更多的个性化关注。而家庭参与也是另一个好处。

✦ **照护的连续性**——这是一个更适用于婴幼儿和（在一定程度上适用于）学龄前儿童，而非那些幼儿园至小学三年级孩子的概念，尽管一些学校正在使用所谓的"循环系统"。照护或"循环"的连续性意味着教师与孩子们待在一起的时间更长一些，而不是催促他们转换到新的空间并适应新的教师。在一些项目中，每当婴幼儿进入一个新的发展阶段或过生日时，他们就会被定期地调动（或升入新的班级），而不是和之前的那个教师待在一起。将班级和教师绑定在一起意味着随着婴幼儿的成长，环境需要随之改变，或者班级和教师需要一起搬到一个新的房间。对于婴幼儿来说，两三年的时间能够给他们及其家长提供一个与专业人员建立依恋的机会。

- 与家长沟通方案和目的。清楚地解释幼儿对早期教育专业人员的依恋并不意味着与对家长的依恋相竞争。家庭成员之间的关系应该会更亲密，因为它比其他任何关系都更重要、更持久。
- 支持儿童对家长的依恋。要做到这一点有一些方法，就是在孩子们的视线范围内提供家庭成员的照片。有一个项目即鼓励家庭成员带一件有亲密家庭成员气味的衣服陪着孩子睡觉。
- 承认儿童对他（她）最依恋的家庭成员的感情。向这些家庭成员保证，他们在孩子的生命中处于第一位。另一种支持儿童对家长的依恋的方式是尊重教室里的多样性，无论你面向哪个年龄段的孩子工作。
- 请注意，一些家长可能会因为看到其孩子关心教师而感觉受到威胁，此时你要尽己所能地给予这些家长安全感。注意下面的误区：

- ✦ 鼓励孩子给予你更多的肢体接触，尤其是当你看到孩子回来再次拥抱和亲吻你时，家长会看起来很不舒服。
- ✦ 让孩子叫你"妈妈"或"爸爸"。如果他们这样做了，就要纠正他们。让家长帮你决定幼儿应该如何称呼你。
- ✦ 因第一个看到孩子达到发展的里程碑而感到自豪。"你的孩子今天迈出了他人生的第一步"，对于那些希望能亲眼看见这一切的家长来说，这可能是一个具有毁灭性的宣告。要让家长发现孩子开始走路了，然后告诉你。

• 审视自己的内心，探索自己对某个孩子或家庭的感受。专业人员对一个孩子或一群孩子有强烈的感情是很自然的。一些专业人员会经历一个"救世主阶段"，他们想要从家长手中拯救孩子。承认你的感觉，同时充分意识到你的行为。你可以接受这种感觉，但不要付诸行动。

• 你要明白，专业人员在建立依恋关系时，应该注重最佳距离，同时促进家庭依恋关系的最佳亲密度。

策略 10　考虑权威

教师需要知道什么

早期教育专业人员和家长之间有时会出现一个问题，即在什么情况下谁是权威，以及这种权威如何表现。在学校里，当有家长在场时，如果孩子违反了规定，是应该家长退后一步让教师来处理，还是应该由家长出面来处理？在学校的开放日里，当儿童和家长一同前来的时候，如果孩子们违反了纪律，应该由谁来纠正他们？或者，在幼儿照护中心，当工作人员和家长们为迎接新成员举办聚会、让大家相互认识时，被邀请的孩子们玩闹得太疯，让他们安定下来究竟是谁的职责？在家庭托儿所，当孩子开始在沙发上蹦蹦跳跳时，应该是由家长来阻止孩子（即使在家里孩子是被允许在沙发上蹦蹦跳跳的），还是由照护者来做？

有时这不是问题。一方或另一方可能会站出来，对幼儿的行为进行适当的管理，双方可能会就什么事情是正确的达成一致。在其他时候，双方都在等待对方做点什么，结果导致孩子出现越界行为、缺乏指导、违反规则，甚至可能损坏财产。这种情况也会导致孩子们产生困惑或不安全感，他们知道自己的行为是越界的，并希望有人为此做些什么。另一种情况是，如果一个成人后退一步，而另一个成人却因为前一个成人的不作为而介入，这种行为可能会导致一方或双方成人受到伤害或产生怨恨。

当教师的声音和行为与儿童所习惯的明显不同时，另一个与权威有关的问题就会产生。在这种情况下，幼儿可能不会把教师视为权威。这个问题还引出了文化和经济多样性的话题。例如，一个训练有素的教师可能会用一种方法来指导孩子的行为，但是这种方法与某个孩子或一群孩子在家所经历的非常不同。教师在指导情境中使用的柔和、不带感情色彩的语气，可能与在家照看孩子的家庭成员严厉的语气和态度形成了巨大的反差。习惯了严格、尖锐、严肃指导的孩子可能会完全忽视教师的话。下面是一个例子。

班上新来的一个精力充沛、活泼好动的男孩总是惹麻烦。老师就是不知道该怎么办。他甚至听不到她对他说话的声音，那是她和孩子们在一起时惯用的非常甜美的声音。她非常关心这个"问题儿童"，并邀请他的母亲来学校面谈。母子俩到达后，孩子没有坐在妈妈旁边，而是开始在房间里跑来跑去，把架子上的东西都打翻了，弄得一片混乱。老师对他说："亲爱的，我想要你现在坐下。"孩子忽略了她的要求。她又发出了几次请求，结果还是一样。母亲惊奇地看着她。最后老师专注地看着孩子说："如果你不坐下来，你的星图上就不会有星星。"孩子大笑起来。他的母亲从椅子上站了起来。她看着他的眼睛，大声而严肃地叫出了他的名字。孩子停下来看着母亲，然后她用手指指了指他，又指了指椅子。孩子走过去乖乖地坐下了。

教师能做什么

- 弄清楚你的指导方法是否与某个孩子或一群孩子所习惯的相适应。对一个孩子或一群孩子有效的方法可能对另一个孩子完全无效。
- 通过观察、询问家长、询问其他教师和阅读来研究不同文化中权威人士的行为方式。
- 把自己理解成一个有文化背景的人。要有意识地去思考，作为

策略 10 考虑权威

一名教师，你所提供的教育是否符合你的文化。
- 当教师和家庭成员都在场时，如果儿童出现不当行为，决定谁应该在各个场景或情况下担当权威角色。谁对孩子的行为负主要责任？这不是你能在书上查到的东西——必须由相关各方一起决定。
- 提前计划，以便就谁负责达成一致意见。
- 当权威问题没有得到解决时，就公开讨论。
- 提前预测情况并讨论。例如，一家幼儿中心在一次家长会议上讨论了他们对家长在即将到来的家园聚会上管理自己孩子的期望。家长们同意由他们来负责，尽管派对是在中心举行的且那里的教师通常会为孩子们提供指导。

策略 11　关注家庭的优点

教师需要知道什么

当你想要与之建立合作关系的家庭正面临许多挑战时,你要试着去同情他们,尝试站在他们的立场上理解问题。也许,与此同时,你还思考了可以帮助他们的方法以及社区能够提供的资源。所有这些方法都是有效的,但它们也容易让你关注家庭的问题,而不是它的优点。特恩布尔等人(Turnbull & Turnbull, 2001)说,"强调和欣赏家庭的优点是支持家庭提高自我效能感的关键方面之一"(p. 67)。

与所有家庭合作的关键是要敏感、善解人意、有同理心,并记住他们的优点。你不是治疗师,但你可以成为盟友。仅仅通过听和说,你就可以表达你的支持。通过坚信人们即使要面对障碍,也可以用自己的能力在人生中获得成功,你可以帮助他们治愈。想想你生命中那些相信你的优点并认识到你潜力的人。

当你想到家庭的优点时,也要想到文化的多样性。你对和你一起工作的人的不同文化了解多少?如果对文化没有理解,你可能看不到一些优点,反而把它们当作缺点。不必去上人类学的课,你也可以敞开心扉去了解其他文化。当你开始感知差异时,也一定会对自己的与众不同之处有更多的了解。

把注意力从问题转移到优点上可能很难,但是请想想下面描述的方法,通过它们你可以实现这种转移。

教师能做什么

- 看看你是如何定义家庭的。你能看到他们是如何独特和特别，而不是受压迫和痛苦吗？你知道每个家庭成员的技能、优点和特殊才能吗？想想他们的资源。
- 如果你对某个家庭不够了解，看不出它的优点，你能找到解决方法吗？与家庭成员交谈是一种方式。虽然你可能没有太多的时间与家长交谈，但如果你致力于与家长建立合作关系，你就会知道，如果你想了解和欣赏每个家庭，交谈是必不可少的。
- 讲故事是了解家庭优点的另一种方式。当我们听到彼此的故事时，我们会想起自己的故事。故事可以疗伤。当你听故事的时候，记住要从可能性的角度进行思考，而不是停留在问题上。

可能画这幅画的孩子来自一个热爱音乐的家庭，这就是这个家庭的优点。

- 个人和家庭所面临的挑战不一定会击垮他们。有时这些挑战给他们力量和勇气去成长、发展和前进。不要以为挑战总会带来伤害。
- 帮助家庭把注意力集中在他们的梦想和愿景,而不是当下发生的事情上。帮助他们关注一种没有他们当前所要面对的挑战的生活。如果他们能想象那种生活,他们就能以之为目标。
- 你可能有专业知识,但在家庭中真正的专家是家庭成员本身。帮助他们了解自己的专业知识。
- 通过让家庭成员意识到他们所拥有的选择,帮助他们增强自己的力量。
- 你可以提供资源,但要帮助家庭成员意识到自己的资源并关注自己的优点、技能和潜力。
- 关注保护性因素而不是风险性因素。例如,一个对父母有广泛支持且处于社区中的家庭,有着重要的保护性因素来对抗疾病或金融危机等风险性因素。

家庭即使在遇到大问题时也会表现出哪些优点?下面是一些家庭可能拥有的优点的例子:

(1)强烈的依恋,表现为对孩子的爱并得到回报。
(2)一个他们可以依赖的大家庭。
(3)能说两种语言和一种方言。
(4)良好的社会技能。
(5)坚持和执着。他们不会放弃。
(6)身体素质、身体知觉和良好的健康习惯。
(7)很强的幽默感。
(8)热爱创作和聆听音乐。
(9)乐观的态度。

（10）各种各样的兴趣。

（11）"街头智慧"[①]。他们知道如何与他人相处和保持安全。

（12）相互支持。

（13）了解如何"操作系统"[②]。

---

① 指城市环境中巧妙生存的能力。——译者注
② 指让家庭运转。——译者注

策略 12　帮助家长成为自己孩子的维护者

教师需要知道什么

家庭成员这一角色的一部分职责是维护自己的孩子，这对一些人来说是理所当然的，但对另外一些人却不是。对于那些不认为自己处于这一角色的家庭成员来说，教师或其他早期教育专业人员应该帮助他们理解——他们有权成为孩子的维护者。

家长如何表明他们在为自己的孩子争取权益？当一个家长带着对孩子的关心来找教师时，她就是一位维护者。如果家长在一天结束时见到教师，并问"这一天过得怎么样"，他通常是在问自己的孩子，而不是问教师过得如何。这并不是说他不关心教师或者不想知道班上其他人的情况；他最想知道的是与自己孩子有关的信息。当父母和其他家庭成员关注自己的孩子时，他们就是在维护自己的孩子。

当家庭成员在其他人面前为自己的孩子挺身而出时，其态度可能会使他们与专业人员对立，因为后者的作用是为群体辩护，而不是在群体中挑出一个孩子来维护。例如，一个不庆祝任何节日的家庭要求与二年级教师面谈，因为后者的课程是围绕假期和季节设置的。而教师可能会想："为什么对这个家长来说，为了一个孩子而剥夺其他孩子的快乐不是不合理的呢？"但当教师了解到家长是孩子的维护者时，这种请求或要求就有了合理性。另一个发生在学前阶段的例子是，在一位家长所在的文化环境中，妇女们都要把自己裹得严严的，所以她抱怨自己4岁的女儿经常在大热天里光着膀子跑来跑去。还有一位家长来自一个土壤中有钩虫的州，他抱怨自己的孩子光着脚跑来跑去，想让孩子一直穿着鞋子。这两种要求都是合理的，然而它们都给教师增添了困难——首先，要记住这些个别要求，然后，在其他大多数孩子都光着上身、光着脚的时候，把这些要求付诸实施。当这两个孩子想要加入人群，并做其他孩子正在做的事情时，就更难办了。

虽然为一个孩子破例或改变整个计划似乎是错误的，但要考虑到把特殊需要儿童的需求囊括进一般儿童的班级里。个性化对所有的孩子和家庭都很重要，就像对那些有特殊需要的人一样。家长或其他家庭成员可以帮助教师落实个性化，为有特殊需要的孩子提供帮助。如果他们已经有了在学校里维护自己孩子的经历，那么他们还可以帮助其他父母或家庭成员来维护他们的孩子。现实往往是，当一个孩子结束婴儿期的时候，家长就已经有了很多维护孩子的做法。

很重要的一点是，当我们把家长看作孩子的维护者时，要充分意识到做家长和做教师是完全不同的。牢记这一事实对与家庭和睦相处至关重要。根据莉莲·卡茨（Lilian Katz）的观点，其中一个区别是家长是特殊主义的——相比其他人，他们更偏爱自己的孩子，在孩子的幸福上有情感的利害关系，偏袒自己的孩子，把自己孩子的需求放在首位，甚至不惜牺牲其他孩子的需求。而早期教育专业人员必须是一视同仁的——不带偏见地关心班级或群体中的每一个孩子，不把任何一个孩子的地位放在其他孩子之前，并把技能和资源应用在每个孩子身上。

教师能做什么

- 当家长为自己的孩子挺身而出时，要赞赏他们。这是一种健康的偏见，尽管它可能会让你的工作更加困难。所有孩子都需要一个支持他们的人。

- 支持家长扮演孩子维护者的角色。
- 帮助那些没有强烈维护倾向的家长。持续地问他们关于孩子的事情是一种方法。你也可以把他们介绍给有维护倾向的家长。
- 在你与家庭刚开始建立关系的时候,问问他们对孩子的目标是什么。更好的做法是,问问他们对孩子寄予的"梦想"是什么。幽默作家厄玛·邦贝克(Erma Bombeck)写道:"向别人展示你的梦想需要很大的勇气。"这就是与家长建立关系和信任是如此重要的原因!加利福尼亚州的全国早期教育咨询师和培训师琼·门罗(Jean Monroe)建议,向家长询问他们对孩子寄予的梦想。当家长谈论他们的梦想,而不是对孩子的目标时,他们往往把眼光放得更高。在你提问之后,认真倾听他们的想法。当他们谈论自己的孩子时,一定要一直认真听。
- 举个例子,在面临预算削减的情况下,可以将家长对维护孩子的自然倾向延伸到对项目的支持上。
- 当某个家庭的维护倾向与你的观点相冲突时,你要试着把他们的观点和你自己的观点都放进头脑里。这是一个自我意识的问题——即使在一场情绪激动的谈话中,也要做自己的旁观者。你要不断提醒自己,他们在为孩子着想是件好事。
- 灵活应变。承认除了你习惯的或者一直在做的事情之外,还有很多可能性。
- 学习双赢的谈判技巧。
- 记住家长和专业人员在角色上的不同。你和孩子的关系是短期的,可能会突然结束。你和孩子没有过去,也没有长远的未来。你不是家长。

策略 13　鼓励家长成为所有儿童的维护者

教师需要知道什么

在寻找合作关系时，让拥护该计划的家庭脱颖而出！其中一些家庭从维护自己的孩子开始，最后成为他们孩子所在的儿童团体的维护者。对一些家长来说，自然的发展是先关注自己的孩子，然后再关注孩子所在的班级或小组。有些人超越了这一点，从一开始就维护整个学校或项目。还有一些家长跳过所有这些步骤，成为所有儿童的维护者。

维护儿童的重要性是许多进入早期保育与教育领域的人要学的一课，无论他们是专业人员还是家长。孩子不能为自己说话，所以成人必须为他们发声。当学区或儿童保育项目预算削减时，谁能代表孩子们发声？当学区和州教育部门授权的课程在发展意义、文化意义上不恰当或在其他方面造成伤害时，谁能为孩子们发声？最常听到的声音来自家长——消费者。有些家长是天生的维护者，并且理解这个过程。当孩子无法从当权者那里得到他们所需要的东西时，这些家长会无须敦促地独自抗议。而其他家长必须学会成为维护者。他们可以从学校的教师、领导以及其孩子参加的其他早期教育项目的工作人员那里学到很多东西。

权益的维护可能会从贴近家庭的地方开始，当专业人员最初成为众矢之的（例如当家长倡导教师或项目需要进行改变）时，他们可能会感到不舒服。吉姆·格林曼（Jim Greenman）报道了一个例子（冈萨雷斯-米纳的报告中提到过，2008a）。一群非裔美国家长聚集在一起并告诉孩子们的老师，他们不想让孩子们再到户外去了。老师们开展了一项家长教育活动，以确保家长了解大肌肉运动发展对认知的影响以及新鲜空气和锻炼对健康的重要性。他们继续进行户外活动，但家长们继续要求改变。直到双方最终坐下来，老师们向家长们询问其要求背后的原因，这时真正的问题才得以暴露。原来是因为沙箱。孩子们会带着沙子回家，这导致了各种各样的问题，包括皮疹、头皮癣，甚至头发的损伤。于是，双方集思广益，最终想出了解决方案——为在沙箱里玩耍的孩子们设计一顶淋浴帽。

虽然在这种特殊的情况下，家庭和专业人员一开始是对立的，但最终他们站在了同一阵营，每个人都把注意力集中在对孩子最有利的事情上。虽然结局有时不那么令人满意，但家长能够动员自己参与进来这个事实本身就值得积极看待。当家长们发现这种家园双方团结起来的力量能够推动变革后，一旦项目遇到问题，这种力量就能再次得到利用。如果资金被削减，项目面临危险，那么这些家长就有可能与老师们合作，并倡导节约资金。

家长可以维护什么？当然，拯救他们自己所在的项目是一回事，拯救普遍意义上的学校是另一回事。一个更大的倡议项目正在改变贫困儿童的生活。如果所有的孩子都想在学校里取得成功，那么阻碍这种成功的因素就必须消除。贫穷是一个巨大的因素！玛丽安·赖特·埃德尔曼（Marion Wright Edelman，2011）创立了儿童保护基金会（Children's Defense Fund，CDF），她看到了哪里需要维权，并做出了一些努力。从1964年夏天密西西比自由学校（Mississippi Freedom Schools）成立起，她领导了不止一场改善贫困儿童生活的运动。今天，作为儿童保护基金会的负责人，她和她的工作人员密切关注着儿童生活中发生的事情，并定期在《美国儿童现状》（The State of America's Children）上更新报告。最近的报告显示，贫困儿童的情况并不好！贫

策略 13　鼓励家长成为所有儿童的维护者

困给所有的儿童都带来了伤害，特别是那些同时面临着偏见和歧视的有色人种儿童。伴随贫困而来的是营养不良、饥饿和健康问题，所有这些都妨碍了儿童的发展、学习和从教育中获益。作为一个工业化国家，美国与其他工业化国家相比，其儿童发展状况很差，维权可以改善这种现状，而 CDF 也在不断倡导。在为所有儿童争取权益的道路上，有哪些方法可以帮助家长呢？

教师能做什么

- 认识到家庭的组织和维权是有益的，即使你可能不同意他们努力维权的目标。请记住，当你们都站在同一立场时，这种能量的利用是多么有效。
- 帮助家长看清大局。通过强烈呼吁来维护孩子们，呼吁让所有儿童在丰富、安全的环境中获得高质量、具有发展适宜性和文化适宜性的早期教育经验。学校里存在着巨大的不平等，这种情况需要改变。针对 5 岁以下儿童的项目可能没有训练有素或报酬优厚的教师，这种情况也需要改变。儿童权益维护人士已经取得了进展，并将继续前进，特别是如果随着越来越多的家庭得到了学校和其他早期保育与教育项目的服务，儿童权益维护人士的人数也继续增加的话。
- 即使没有明显的需要，也要鼓励维权，并教会家长如何成为有效的维权者。认识所有负责维权的地方，如学校董事会、其他管理机构和监管机构，以及社区、州乃至国家层面的立法者。儿童早期教育从以往的家庭维权的努力中获益匪浅。
- 如果家长自己没有组织起来，就帮助他们。识别出家长中潜在的领导者，并培养他们的领导素质。从提高自己的领导技能开始。黛博拉·沙利文（Debra Sullivan）在 2010 年出版的《学会领导》（*Learning to Lead*）一书中提出了许多实用的办法。

- 帮助家长多了解一些维权行动的过程。以下是一些建议：
  + 创建或加入一个维权团体。
  + 收集关于关键问题的信息。
  + 寻找并分享与该问题相关的研究，并发表一份立场声明。
  + 建立或加入法律热线或电子邮件系统。
  + 与媒体保持联系，给编辑写信。
  + 了解法律是如何制定的。
  + 与议员建立良好的关系，就有关儿童及家庭的事宜与议员保持联系。

下面是一个例子，它展示了一个人是如何做出改变的。我们来看看一个小镇是怎样对待他们社区内的虐童事件的（Gonzalez-Mena，2009）：当一个婴儿因被虐待而死亡时，一群居民在一个人的带领下，决定做点什么。那时，虐童行为刚刚被人们意识到是普遍存在的且会对儿童的身心健康构成威胁。虽然当时有法律，但法律对这一特定的公民群体来说并不够，他们想要防止社区中的虐待行为，而不仅仅是惩罚它。他们的这一动机与为预防、干预和治疗虐待儿童而支出的一些基金项目的初衷不谋而合。于是，这个团队开始了他们的工作。

首先，他们设立了一条热线，让家长们在感觉自己可能无法控制自己的时候给他们打电话，只是聊聊天。然后，他们开始对社区进行有关虐待儿童和使用热线的教育。这个团队很快发现，家长们需要的是各种各样的支持性服务。有些人需要育儿的信息和技能；有些人需要暂时的托育服务；有些人需要一份工作；有些人需要一个住所；还有一些人只是需要从生活的重重压力中解脱出来，这些压力导致他们把负能量发泄到孩子身上。这超出了所有人的预期。

今天，许多相关服务已经到位，包括家长支援及教育团体、幼儿暂托、

策略 13 鼓励家长成为所有儿童的维护者

紧急援助基金、上门服务的家政临时工、儿童管理以及其他服务。此外，还有一项名为"电话朋友"的创新服务，专为放学回家后家里空无一人的孩子提供。这一切全都缘于一个人关心并想出了如何让其他人参与到维权活动中来。

策略 14　创造社区意识

教师需要知道什么

在早期保育与教育项目中，与家庭合作是教师和其他专业人员的一个重要目标。一个相关的目标是建立一个合作者的社区。可以将社区看作由一些共同兴趣或目的联系在一起的一群人。根据这个定义，班级或早期保育与教育项目肯定可以成为一个社区。有时这是自然发生的，但通常需要一点努力来促进这些联系的建立。这并不难。想象一下一个优秀的女主人是如何与客人往来、如何把他们介绍给彼此、如何让某个人或某对夫妇来参加聚会的。一个优秀女主人的一些技能直接适用于将儿童、家长和工作人员组成一个社区的目标。当然，教师和女主人的目的是不同的，因为前者的主要目的不仅仅是社交，更在于提高幼儿教育的经验。而且，教师的关注点不仅仅是一个聚会——时间跨度不限于一个晚上，而可能是一年甚至更长的时间。有时，家庭之间在早期保育与教育项目中建立的联系会持续一生！

1980 年，埃塞尔·塞德曼与他人共同创立了一个名为"家长服务计划"（Parent Services Project）的组织以支持家庭。该组织的宗旨是关注家庭，而不仅仅是关注孩子。《一起变强》（*Stronger Together*）是一本关于家长服务计划的书，莉萨·李（2004）在其中解释了建立社区的好处。"以家庭为中心的项目带来的礼物之一是创建关怀社区。在这样的地方，孩子们和大人们互相关心、互相帮助……家长把这个中

策略 14　创造社区意识

心作为一个互相联系的地方。当一个家庭遇到好事时，社区里的每个人都会庆祝。当一个家庭遇到问题时，人们也会表示关心并尝试一起解决……在这样的地方，孩子们会在成长的过程中感到安全，被生活中来自成人的温暖包裹着。"

那么，早期教育专业人员是如何将一群人变成一个社区的呢？塞德曼是将群体转化为社区的大师。她从事这一工作多年，从家长服务计划创立之前就开始了，那时她是一名幼儿中心主管，负责一个以家庭为中心的托育项目。她的观念是支持父母教养孩子。这一理念在美国各地的学校和其他早期教育项目中蓬勃发展，其中部分原因是塞德曼长期致力于将重点从儿童转移到家庭，再从家庭本身转移到整个社区。塞德曼说，家长服务计划强调的观点是，养育子女不只是家长的私人问题，而是整个社区的问题。扩充教养角色的一个方法是给教师和家长提供新的互相支持的方式。

玛丽昂·科韦多年来一直担任幼儿园园长，她解释了如何在一群家庭中创建一个社区。"你必须确保每个人都有归属感。"科韦并不只是针对家长，她建议"找出谁是这个社区的潜在成员。要包括孩子生命中每一个重要的人，如祖父母、阿姨和保姆"。她明确表示，要以帮助每个人对你的课堂或项目有归属感为目标。科韦和多年来一直在早期教育项目中从事教学工作的林恩·多尔蒂老师对下面的策略做出了贡献。

你的态度很重要。如果你想让大家建立一种归属感，你就会定期邀请家庭成员来。一种方法是实行开放政策，鼓励家庭成员想什么时候来就什么时候来。然而，一些教师对这个想法反应强烈，认为它太具破坏性。一年级教师姬蒂·里茨已经解决了这个问题。她会在一天开始的时候留出半小时的家庭阅读时间，并且每周两次。这是她了解家长和家长们相互了解的众多方式之一。这是减少家庭成员来访干扰的另一个秘密——让他们以不打扰孩子的有效方式参与进来。进而，让他们的参与成为孩子们日常生活的一部分。

下面是一些创造归属感、使一个群体成为一个社区的其他方法。

教师能做什么

- 从最开始就建立一种归属感，弄清楚你接触的每一个人都想如何被称呼。然后，学习所有的名字——包括正确的发音。如果项目或班级规模很大，这不是一件容易的工作，但对于早期教育专业人员来说，这是一种通过示范自己的学习技能来为孩子们树立榜样的良好方式。

- 向班级成员介绍每一个参与项目或提供支持的人（如助手、厨师、保管员和公共汽车司机）。

- 在员工的留言板上写一些关于每个人的小事情，帮助人们相互认识。它可以是一个简短的传记，或一个人喜欢与孩子和家庭一起工作的陈述，或一个爱好列表。把它放在家长们送孩子上幼儿园时容易看到的地方。一些项目也会包括正式员工和留言板的替代物。

- 也可以考虑设立一个家长留言板，让每个家庭都写一些事实或建议。把它放在工作人员和其他家庭可以看到的地方。

- 如果入口区域有空间，不仅要考虑工作人员设计和维护的公告栏，还要考虑家长设计、维护和交流的公告栏。家庭公告栏上的互动话题可以是一些不断变化的调查，并留有家庭成员在下面书写答案的空间。例如，某个问题可以是"您家孩子最喜欢哪家餐馆？"，这样的问题给家长们提供了一些可以相互交流的话题。

- 在幼儿园环境中，如果孩子们每天都和家长一起前来，教师就可以在房间中设置一块专用于自由游戏的区域，从而让你自己有时间去迎接孩子和大人。当孩子们进入一个有趣的环境时，他们可以更容易地和家长分离，也可以尽快与材料和同伴互动。这让成人有机会在教学活动开始和结束时简单地交谈。

- 把家长们介绍给彼此。注意谁与谁形成了人际关系。然后，建议家长考虑改变紧急情况的应对措施，在必要的时候让新朋友来接孩子，而不是让孩子几乎不认识的另一个城镇的远房阿姨来。
- 帮助家长们成为彼此的资源。拼车是他们一起合作并获得归属感的一种方式。
- 如果有的话，利用入学面试来开始了解家庭成员的特殊兴趣或技能。
- 确保你的环境对每个人都是友好的。检查它是否反映了一种反偏见的观点——一种把教室和社区中的所有人都包括进来的观点。一个欢迎的环境意味着墙上的图像囊括了每一个人，而且各个家庭的语言都有所体现，还有一些为残障人士（包括儿童和成人）进行的调整。有一个项目想要确保所有可供孩子们阅读的书籍都能传递出欢迎的信息，所以他们在每本书的内页都贴上了一张干净的纸，并建议家长们写下他们对这本书的评论和反馈。很快就可以清楚地看出，某一位家长喜欢的东西可能会让另一位家长感到不舒服。通过这种方式，家长和员工都能从不同的角度了解什么是受欢迎的。
- 有一个地址列表是个好主意，这样家长们就可以彼此联系。要确保每个家长都同意你把他们的名字和联系方式写在名单上。
- 众筹是家庭成员通过共同努力来了解彼此的一种方式。要注意的是，有些家长不止一个孩子加入班级或项目。对一个多子女家庭来说，众筹可能会成为一种负担。
- 无论会议的目的是什么，你都要把会议看作人们相互了解的一种方式。从打破僵局开始，让人们放松，进而轻松地互动和交流。

- 本书中到处都是关于如何让家庭和员工形成一个社区的办法。具体来说，关于如何创造交流环境的办法可以参考"策略28"，关于如何让家庭参与项目的办法可以参考"策略22"，关于如何与家庭建立合作关系的办法可以参考"策略6"。

50 STRATEGIES FOR COMMUNICATING AND WORKING WITH DIVERSE FAMILIES

第三部分
欣赏多样性并与之合作

策略 15　理解和欣赏文化差异

教师需要知道什么

"文化"到底是什么？"文化是一个意义共享系统，其中包括价值观、信仰和处于群体中的个体通过某种特定的语言、行为、风俗、态度和实践模式在日常互动中表达出的设想"（Maschinot，2008，p. 2）。一个值得追求的目标是，让教师和其他早期保育与教育专业人员具有文化敏感性，并开始在他们所进行的家庭服务中寻找育儿行为和信念的意义。虽然查看不同群体的文化特征列表看起来是向这个目标迈进的一步，但其实这种方法并不奏效。这些列表是泛化的，而泛化的内容会加剧刻板印象。

要想理解文化差异，就必须认识到你自己是一个文化背景下的人，并逐渐理解你看待世界、组织行为、看待儿童的方式在很大程度上受你自己文化的影响，而你自己的文化也可能受你教育的影响。当育儿实践出现问题时，教师和其他早期保育与教育专业人员（包括家庭托育提供者）很难知道该怎么做，但专业人员会试图做到对文化敏感、回应家长并与之建立良好的关系。当育儿实践不符合个人和专业对最佳实践的定义时，专业人员该怎样尊重多样性？教师和教育提供者该如何尊重那些看起来难以理解的、不好的、错误的，甚至是有害的实践呢？

如果你没有从矛盾的角度考虑多样性，这种尊重错误的想法可能会让你感到困惑或不安，甚至让你失去平衡。这些感觉并不坏——它们可以很好地为你服务，因为当一个人进入不平衡的状态时，他就达到了学习新东西的最佳状态。如果我们暂停判断，就会明白，从我们个人角度看来错的东西，在别人看来可能是对的。透过别人的眼睛，我们可以学到一些东西。开始质疑自己已经知道的东西，可能会让我们感觉不舒服，但在一个包括不同家庭的儿童早期教育环境中工作，这样做是很重要的。

当然，对儿童造成伤害不是我们可以容忍的，但是当我们真正开始理解别人的观点时，可能会明白，当我们把一些貌似伤害孩子的事情放在不同的环境中看待时，它们就不具有伤害性了。我们的工作不是仅仅从表面上来看待这些行为，而是从它们背后看我们是否能发现其模式的意义。

长期在加利福尼亚州倡导反偏见运动的幼儿中心主管黛安娜·巴列斯特罗斯（Dianna Ballesteros）的一句话澄清了这一点。她说："每个人的脑袋里都有一个世界。"在自己的头脑中扩展这个世界，是理解与自己有差异的人的方法，而且远远不止是赞美民族食物、音乐和风俗习惯的差异。通过承认"每个人都不尽相同"这个事实，你就迈出了理解它的第一步。

那么，教师认为错误的育儿方式在多样性层面该如何解释？以一位把婴儿奶瓶放在正在上幼儿园的孩子的午餐盒里，以供其打发零食时间的母亲为例。当教师了解了这位母亲后，她意识到这个家庭在很多方面都很"宝贝"孩子。在教师的语言中，"宝贝"有消极的含义。母亲和哥哥（姐姐）会为孩子做所有的事情，这意味着孩子通常是被动的，很少尝试为自己做任何事情（包括穿上自己的外套）。当该幼儿园教师与项目中接触过这个家庭的其他教师交谈时，她发现这位母亲仍然在家里用勺子喂 4 岁的孩子，即使两个孩子在无人帮助的情况下也能很好地吃东西。教师们都很担心这些孩子的独立意识——他们的自我意识和自理能力。他们一致认为，发展自助技能是童年早期的一项主要任务。像这个家庭这样"宝贝孩子"的行为正在伤害孩子们作为个体的自我意识！

这些教师的思想都是二元论的，这让他们觉得如果自己的观点是对的，那么这个家庭就是错的。他们想在文化上对家庭成员做出回应，但他们不能容忍这位母亲的所作所为。教师有西方文化背景和视角，他们得到了与自己有相同背景、教育、训练和经验的人的支持。从他们的观点来看，这个家庭的做法是会造成伤害的。他们甚至知道这类伤害的术语——"过度依赖"，甚至是"相互依赖"，它会导致孩子长大后需要接受心理咨询。

从另一个角度来看，这两种做法都没有害处——实际上恰恰相反。它们不仅是有益的，而且对于一组特定的目标来说是必要的。人类学家爱德华·霍尔（Edward Hall）在1981年出版的《超越文化》（Beyond Culture）一书中，用了一句关于"围裙带"的古话来解释差异。他写道："世界可以分为两种文化：一种是让孩子成为独立的个体，并在成年后远离自己的家庭；另一种则不然。那些不强调独立和个性的文化让他们的孩子在成年后与家庭保持紧密的联系，即使不住在同一栋房子、同一个寓所或院落之内，也要住得很近。"换句话说，一种文化切断了围裙带，另一种则不。

对于许多接受过早期保育与教育培训的人来说，他们很容易理解为什么文化要切断围裙带，以及他们如何培养孩子为这种切断做准备。而且对于这些人来说，他们可能很难看到另一种观点，甚至可能非常抗拒它。

不切断围裙带的家庭视独立和个性为威胁，而不是目标。他们相信自己的孩子长大后会独立，但担心孩子会"太"独立，并且为了追求个性而离开家庭。所以从孩子们出生开始，这些家庭的照护者就把孩子们独立的苗头熄灭在摇篮里，取而代之的是教导其依赖别人的价值以及让别人依赖其自身的价值。

　　看待这些差异的一种方法是将它们视为两种不同的意义模式。这些特定模式的名称各不相同，但给它们命名的一种方法是称教师的视角为"个人主义的"，称家庭的视角为"相互依赖的"（Maschinot，2008）。那些切断围裙带的家庭教给孩子们自助的技能，并鼓励他们承认自己的成就。"我一个人做了所有的事情"不是吹牛，而是一个人对自己的成就感到自豪的例子。孩子们被鼓励做出自己的选择、独立思考，而且被教导要自信。那些以维系家族牢固关系为目标的家庭，会对独立的能力不予重视，他们认为这种能力是与生俱来的，不管发生什么情况，它都会发展起来。比起帮助孩子们为个人成就感到自豪，他们更愿意教给孩子们一种被一些人称为"优雅地接受帮助"的技能。在相互依赖的家庭中，孩子们被教导——紧密的联系和合作比个人的自我发展更重要。在这样的家庭中，学会自我控制、顺从和合作是很重要的。尊重长辈，并把自己的需要和欲望放在别人的需要和欲望之后，也是孩子们在这些家庭里学到的重要一课——这与个人主义文化形成了鲜明的对比。

　　人们通常沉浸在自己的文化中，他们不会想"我为什么要做自己正在做的事情？"，而只是觉得这样做是对的。如果被问到同类的问题，强调相互依赖的家长可能会说，他们喜欢为孩子做事，或者他们的孩子还太小，不能为自己做事。他们可能无法解释，他们正努力地让孩子们与自己亲近，并建立牢固的终生关系。大多数人很难解释自己的文化或自己的行为和态度是如何与文化相关的。

教师能做什么

- 当一个家庭的一些做法真的让你烦恼时，试着从他们的眼中而不是你自己的眼中去看他们在做什么。
- 认识到收入水平会影响文化，并可能是影响家庭实践的一个因素。

- 保持开放的心态，把判断放在一边，直到获得比第一印象层次更深的理解。

- 接受差异，即使你没有意识到背后的文化原因。如果你认为人们有合理的文化原因，你可能更容易接受差异。想想那些在你的文化背景下和你想法不同的人。他们的情况和一个有着完全不同文化背景的人的情况是一样的。和我们有着相同文化的家庭做一些我们不认同的事情并不意味着他们没有自己的理由。努力去理解他们，就像理解不同文化中的家庭一样。

- 请记住，为孩子做事情并不一定会让他们在无能和无止境的依赖中长大。建构过程是非常强大的。孩子们会模仿他们所看到的别人做的事。如果一个人在成长过程中看到有人帮助别人，那么他也会成为帮助者，而不仅仅是接受帮助的人。将这种榜样效应与尊重老年人的终身教育结合起来，你会发现，当老年人需要帮助的时候，年轻人可能会帮助他们。

下面举一个我自己生活中的例子，它能说明我是如何学会在养育孩子的实践中看到文化差异的。特雷莎来自墨西哥，是我曾经工作过的一个项目中的工作人员，她帮助我从不同于我自己的角度来看待满足需求的问题。我告诉她，我认为孩子们尽快学会满足自己的需求是多么重要。我的论点通常是这样的：如果我们满足了自己的需求，我们就更有能力去帮助那些不能满足自己需求的人。空乘人员在飞机上说："如果发生机舱内压力下降的情况，请先戴上自己的氧气面罩再帮助别人。"这句话背后的意思是，如果你失去了意识，你对任何人都不会有任何用处。嗯，这就是我看待满足需求问题的方式——我们必须先照顾好自己。我永远不会忘记特雷莎的回应："珍妮特，这太悲哀了。如果你只关心自己，那就只有一个人关心你。但是，如果你不把注意力集中在自己身上,而是先为别人着想,而且如果其他人都这么做,那么就会有非常非常多的人关心你。"那次谈话使我难以忘怀。它给了我一种思考事物的新方式。我能够理解她的观点,并且尊重我们之间的差异,但我并没有改变我的整个参照标准,进而变成一个不再重视独立和个性的人。我还是我。我仍然有一套特定的价值观,它与我的成长方式、家庭出身和文化有关,而且我将谁定义为欧裔美国人、白种人、盎格鲁人或凯尔特人,具体取决于我在与谁对话。我就是我,但我现在对差异有了更深远的看法。

策略 16　建立文化响应的保育与教育

教师需要知道什么

为什么需要文化响应的保育与教育？孩子们能适应。难道他们就不能学习新的做事方式吗？另外，培养双文化人难道没有意义吗？这不应该是教育的目标吗？如果家长，无论是移民还是非移民，都希望他们的孩子学习其认为的"美国方式"，不希望他们在家里的做法和（或）他们的母语成为学校或项目的一部分，这时该怎么办？这些都是在讨论文化响应的保育与教育时出现的问题。

让我们先从最后一个问题开始。的确，家长可能会把家里的事情与学校或早期保育与教育项目的事情区分开来。例如，外国学生会把自己的孩子送入大学的附属实验学校，并经常表达出希望自己的孩子学习英语和体验"美国文化"的愿望。他们知道自己的家人将会回到他们自己的国家，他们也看到了自己年幼的孩子带着一种对不同于他们自己文化的理解、精通双语后回家的潜力。他们不认为自己的孩子有丧失语言能力或与自己的文化格格不入的风险。

一个移民家庭选择来到某个国家有很多种不同的情况，而且出于各种各样的原因：要么是一个难民家庭从没有选择来到这里，只是在这里停止漂泊了；要么是一个家族几代以来一直在这个洲生活，但最初只是偶然地来到了这里；要么是一个土著家庭已经在这里生活了无数代。这些家庭可能对他们的孩子想要什么以及他们的母语和文化应该在孩子的教育和发展中扮演什么样的角色有着不同的看法。

想象两个家庭加入了一个项目。其中一个家庭最近从他们享有较高社会经济地位、父母都受过良好教育的国家逃离了。尽管他们现在很穷，但他们与第二个家庭有着不同的希望和期望。第二个家庭是在三代之前来到这里的，以务农为生，孩子们仍然说自己的母语。如果不询问他们，就无法概括这些家庭对他们孩子的希望和梦想。但对第一段中问题的回答可能与本段所述的不同情况有关。

其余问题的答案可以分为几个主题。一个是身份的形成，另一个是保持与家庭的紧密联系。

儿童年龄越小，他（她）的身份就越不定型。在身份形成方面需要回答的问题是我是谁、我属于哪里。根据 J. 罗纳德·拉利（J. Ronald Lally, 1995）的说法，"文化是身份的根本基石。通过文化学习，孩子们获得一种归属感、一种个人历史感，以及知道自己是谁、来自哪里的安全感。学校或儿童保育经验应与家庭文化相协调"（p. 66）。拉利希望教师和其他早期教育专业人员能够高度重视将家庭实践融入保育与教育环境。

以下这个故事说明了身份问题：一个名叫安娜（Ana）的女孩进入了幼儿园。她第一天就为老师写下了自己的名字。老师说"不，那不对；安娜（Anna）有两个'n'"，并纠正了她的拼写。安娜回到家，告诉母亲她的名字拼错了。她母亲坚持认为是老师错了。安娜被迫在母亲和老师之间做出选择。她选择了她的老师。30 年后，当安娜讲述这个故事时，眼泪顺着脸颊流了下来。她说，幼儿园里发生的一件简单的事情影响了她对自己、家庭和文化的感觉。在她 15 岁的时候，她决定找回自己的身份，但仅仅是谈论这件事就让她哭得更凶了。这么小的事情，却有这么大的影响！

这里有一个老师的目标影响孩子在家里的行为的例子：一个三年级的老师试图让孩子们自己思考。她认为民主社会的基础是让孩子们学会质疑权威。为此，她有时故意犯错，看看孩子们是否会纠正她。然而，她班上的一个孩子在家里被教导要尊重长辈，而老师的目标与她家庭的目标形成了鲜明的对比。这个孩子起初表现很好，直到她开始把学校的行为举止带回家。她开始质疑年长的家庭成员，这在家里引起了很大的分歧。然后，她开始不同意他们的观点。这种新行为扰乱了整个家庭。

对于年幼的孩子来说，像喂食这样的基本行为可能都是个问题。在一个特别的儿童保育项目中，孩子们被鼓励从小练习自助技能，这意味着当婴儿长大到可以用手指吃食物的时候，成人就应该给他们这样做的机会。某中心的一位家长看到她的孩子用手指蘸着番茄酱吃意大利面并且弄得一团糟时，表现出了强烈的反应。在这个家庭里，没有人用手指碰食物——甚至三明治都是用刀叉吃的。他们的孩子在中心受到的可接受行为的训练与家长在家里教给他的完全相反。菲利普斯和库珀（Phillips & Cooper, 1992）说，"喂养具有模式意义，这些模式在更大群体的生活方式中共享和体现"（p. 11）。因此，与其向这个家庭解释早期自助技能的重要性，还不如让照护者试着去理解他们饮食方式背后的意义模式。这些例子中的教师和照护者需要与家庭成员讨论实践中的差异，并互相讨论项目是否应该变得更加具有文化上的响应性，如果是，如何做到这一点。这样的讨论可能并不容易。

教师能做什么

- 开始思考如何创建与文化相关的课堂和项目，倾听父母对孩子的期望。超越他们最初的陈述，并与其讨论他们对孩子的梦想和渴望等层次更深的方面。询问父母对他人经历的了解。讨论双文化和双语。虽然在这条策略开头的关于多样性的信息很重要，但你不能通过将一个家庭归入广义的范畴（如"移民"）来自动理解它。你必须了解他们。

- 了解更多关于身份形成的知识。注意你在给孩子们传达"什么是合适的,什么是不合适的"信息。想想你的信息是如何影响每个孩子的自我意识、文化能力和归属感的。
- 反思自己的童年早期生活和身份形成。你是如何获得自我意识并了解你所属的文化,以及如何融入你的家庭的?你对发生在你身上的事还有什么遗留的感觉吗?身份形成是一些教师、照护者和提供者从未考虑过的问题。了解自己可以帮助你更好地理解他人。
- 想想你自己的教育经历,以及它们是否适合你的家庭文化。你是一个在非英语语言环境中长大的人吗?当你学习英语时,你是保留了母语还是失去了它?你觉得怎么样?
- 如果有人走进你的教室或项目,观察环境,他们会看到什么样的文化?他们能告诉我们在那个房间里活动的孩子所在的家庭的多样性吗?

策略 17　处理和保育与教育实践有关的冲突

教师需要知道什么

处理和保育与教育实践有关的冲突是一个巨大的主题,贯穿于本书的许多策略之中。因为不可能在一个小空间,甚至一生中,浓缩所有可能发生的差异,所以这个特别的策略集中在一组差异鲜明的模式上,这些模式影响人们如何看待儿童、决定他们需要什么以及发展保育与教育实践以适应他们的观念和方法。

"早期保育与教育中的桥梁文化"(Zepeda, Gonzalez-Mena, Rothstein-Fisch, & Trumbull, 2006)解释了两个组织概念或模式,作者们称之为"个人主义"和"集体主义"。这个特定的框架只是在冲突发生时探索文化和个体家庭差异的一种方式。在小学研究(Rothstein-Fisch, 2003; Trumbull, Diaz-Meza, Hasan, & Rothstein-Fisch, 2001)中,这些概念已被证明是易于理解的,在改善家庭—学校的理解方面非常有用。

当早期教育专业人员以一种不加评判的方式看待家庭的优先事项和价值体系时,他们不仅了解了其他文化,也了解了自己的文化。文化通过养育子女的实践代代相传。文化基本上是无形的,除非它通过互动与其他价值观和信仰体系的差异发生碰撞。"个人主义"和"集体主义"这两个基本概念帮助我们看到文化如何影响一个人的态度、信念、价值观和行为。每种倾向都和保育与教育实践中经常出现的一组有差异的优先事项有关。

这两种模式有什么不同？持有强烈个人主义观点的人认为，孩子们认识到他们是独一无二的、特殊的个体是很重要的，所以这些成人强调独立和个人成就。他们关注的重点在于个体需求、自我表达和个人选择。在安全的环境中进行身体、情感和精神上的探索通常是被优先考虑的。物体成为了解世界及其工作原理的重要来源。成人还会教导孩子尊重个人所有权。

虽然个人主义的观点对你来说似乎是"正常的"或"自然的"，但世界上大多数文化［特里安迪斯（Triandis）在1989年的调查数据是70%］和北美的许多家庭都有更强的集体主义倾向，他们更重视相互依赖而非独立。持有集体主义观点的人更倾向于强调集体需求而不是个人需求。社会责任对具有集体主义倾向的人来说很重要。他们也倾向于强调对权威和群体规范的尊重。个人所有权不那么受重视，而且人际关系比物品更重要。

教师能做什么

- 请记住，个人主义和集体主义的概念仅仅是工具，不要再多想了。不要用这些工具把人和家庭过分简化或分类。重要的是，不要对人抱有成见，不要把他们放在文化的盒子里。
- 还请记住，所有关于育儿差异的冲突都不是文化冲突。它们有些可能源于家庭传统、个人经历、特殊训练和哲学理想。
- 面对关于早期保育与教育实践的不同观点，寻求与单个家庭和家庭群体建立共同点，而不是简单地强加规程、规则和限制。
- 环顾四周，看看这个项目是否高度个人主义。物理环境很可能反映了这种观点，孩子们有自己的桌子、小隔间、储物柜或挂衣钩，这些都被认为是"他们的"，并显眼地印着他们的名字和照片。鼓励孩子们照顾好自己的所有物，照顾好自己（例如，安排好自己的工作、洗漱和衣食），并用"他们的话"来确定自

策略 17 处理和保育与教育实践有关的冲突

己的需要。所有这些例子都是个人主义受到重视的标志。
- 寻找项目中可能反映出更强烈的集体主义倾向的部分，这种倾向强调对权威的尊重和对群体规范的义务。在集体主义的环境中，财产通常是共享的，物品在人际关系中才显得重要，而不是物品本身重要。例如，孩子们可能不会被敦促去玩东西或独立检查它们。在集体主义的环境中，更强调集体而不是个人。比起小群体或个人的活动，集体主义的观点更倾向于大群体的活动，以及年长孩子帮助年幼孩子的混合年龄组。
- 如果你发现自己更倾向于个人主义，考虑一下是否该将你对让孩子"做自己的事"的强调偶尔修改为让孩子与伙伴或团队一起合作。
- 如果你用竞争来激励孩子，想想这对来自集体主义家庭的孩子会有什么影响。
- 如果你想给予个别孩子特别的关注以奖励他们所做的杰出的事情，请考虑一下，因为对于一些家庭来说，把一个人从群体中剔除，让他（她）成为受关注的焦点，会给其带来不舒服的感觉。
- 做一名研究文化差异的学习者，记住，你对多样性了解得越多，你就越有能力欣赏这些不同的早期保育与教育模式，并理解它们不一定是相互排斥的。
- 看看你是否可以使用这两个组织概念——个人主义和集体主义——来弄清楚如何在每个家庭的需求和愿望与你自己的想法或项目实践发生冲突时保持敏感。

更倾向于集体主义的人有时好像会更"宝贝"孩子。这是一个喜欢"宝贝"孩子的女人的小故事：

罗兹是一名家庭托儿所的工作人员，她小时候从中国台湾移民到了美国。有一次，在一个早期保育与教育专业人员的会议上，有人说，不要为孩子做任何孩子可以为自己做的事情很重要。罗兹看起来持怀疑态度，很快就说她不同意这种说法。然后她谈到，即使在她长大后，她的祖母依然很爱"宝贝"她。罗兹觉得让祖母照顾自己很重要，因为这让祖母很开心。罗兹能自己做那些祖母为她做的事并不重要。罗兹的回答引发了热烈的讨论，许多人都对独立和相互依赖提出了自己的看法。

简，另一个家庭托儿所的工作人员，充满激情地发言。她说，当她还是个孩子的时候，她一直讨厌被人"宝贝"，而当她成年后，这种感觉更加强烈。她说她对那些不让她自己做事情的人感到怨恨。

像大多数人一样，罗兹和简不称自己为集体主义者或个人主义者；然而，这两种人对于被帮助或自助有着非常不同的观点。如果有人观察他们与孩子和家庭一起工作，很可能会发现他们所持的两种观点会对他们的行为产生明显的影响。

策略 18　考虑指导和纪律方面的文化差异

教师需要知道什么

在一些课堂和其他早期保育与教育项目中,当教师或其他成人的行为与孩子在家中所习惯的行为不一致时,就会出现问题。当涉及儿童指导时,权威的形象是很重要的。例如,如果教师采取过于温柔的方法,使用温和的语言和中性的语调纠正孩子,一些孩子可能会忽略这个教师。如果他们习惯了非常与众不同的语调,孩子们可能不会认为教师说的是认真的。如果教师不跟进和坚持,这些孩子可能会无视规则和限制,也可能会被贴上"问题儿童"的标签。有时候,真正的问题是孩子们误解了教师所说的意思。例如,一些孩子习惯了家里的成人和扩展的亲属网络在家庭和邻里间维护自己权威的方式,其中可能包括严厉的声音、有意义的面部表情和强烈的肢体语言,而如果言语和眼神不起作用,他们就会立即采取行动。例如,朗尼·斯诺登(Lonnie Snowden,1984;Gonzalez-Mena,2008a)说,"黑人社区把控制儿童行为的有效责任投入到一个广泛的成人网络中……由于这种长期的养育方式,孩子们的行为受到了适当的监控,也比美国社会的正常做法受到了更直接的处罚。儿童可能会发展出更积极的探索倾向和果断的风格,因为他们可以指望受人尊敬的外部机构可靠地检查出格行为"(p. 135)。

这种方法与教师期望孩子发展内在控制或自我调节形成对比。后一种想法是让每个孩子自己吸收什么是适当的、什么是被允许的（有时被称为"规则"），并使用内部控制来指导他（她）自己的行为。这和知道周围的成人会纠正错误行为是很不一样的。

一些孩子对奖励系统可能并不熟悉，或许还觉得它看起来很奇怪。奖励系统包括表扬、星图和为良好行为赢得特权的方式。有些孩子对这些系统的操控性方面反应消极。一些家庭可能会对这样的系统感到不舒服——尤其是当它们不起作用或产生副作用的时候。

当权威人物以不熟悉的方式行事时，孩子们会感到困惑（Phillips，1995）。此外，一些孩子习惯了强硬、严格，有时甚至是体罚，如果没有这些，他们会一直测试你的底线。他们甚至可能得出结论——教师不在乎他们做什么。而这些孩子最终会被贴上"问题儿童"的标签（Hale-Benson，1986）。

需要注意的是，严格的限制实际上给了一些孩子更多的自由，因为他们知道，如果他们做得太过分，有人会阻止他们。当教师只是说话而不制止不端行为时，他们会继续往前找出底线在哪里。孩子们没有意识到他们在这种情况下从大人那里得到了指导，因为那些大人不像家里的大人。他们不是严格要求某些行为，而是强调个人选择。幼儿的学习来自生活中自己行为的后果。大人们不骂、不威胁，也不会惩罚。他们允许自然结果，例如，当孩子拒绝穿夹克外出时，他自己会体验到寒冷的感觉。其后果必须是合理的——既不伤害孩子，又可以让孩子感到不舒服。当没有自然结果时，大人们会设置情境，使其具有逻辑结果（Dreikurs，1990）。一个逻辑结果的例子是在成人读故事而孩子们注意力不集中时发生的。成人合上书说："好吧，如果你们不听，我就不读了。"成人可以实事求是地做这件事，甚至不用改变面部表情或语调。这不是惩罚，只是孩子们自己行为的结果。

辛西娅·巴兰格（Cynthia Ballenger，1992）谈过这样一个问题：当海地儿童遇到强调个人选择和承受这种选择后果的教师时，他们对成人的权威产生了困惑。他们的海地教师从未从个人选择的角度考虑问题，而是简单地将行为定义为好的或坏的。教师们警告孩子们，不良行为会给家庭带来耻辱；同时，告诉孩子们，他们有责任做个好孩子。当孩子们做不好的时候，教师们会责骂他们。教师们认为训斥是加强关系的一种方式，是在向孩子们表明有人关心他们和他们的行为。这与更为中立的做法形成了对比，后者避免训斥，允许孩子们做出选择、发现后果是什么，并将责任推给个体。对一些人来说，这种承担后果的方法似乎是冷酷无情的。但对其他人来说，这似乎是孩子们学习的好方法。

然后是"出局"[①]问题。当严厉斥责受到许多专家和一些家庭的质疑时，出局似乎是一个可以接受的选择。有些人用出局来代替惩罚。有些人仅仅通过他们使用的语言和说话的语气就能使它听起来像是一种惩罚。另一些人则认为出局是为了满足那些过度兴奋、无法控制自己的孩子的需要。但在某些文化或群体中，回避可能是最糟糕的惩罚，而且对于年幼的孩子来说，出局是不可接受的。

当我在西南地区领导一个工作坊时，我亲身感受到了教师们对出局的不同看法：这个工作坊中展示了多种文化，包括一些印第安文化。出局的话题被提出后，这个团体很快就产生了分裂，出现了两种观点的争论。提出这个问题的人以为每个人都会同意出局是处理不当行为的好方法，但另一方强烈反对使用出局。一组人指出，在他们的中心里，出局是被禁止的。当被问及原因时，一个人说在监狱里最严重的惩罚是隔离！为什么我们要让孩子们遭受最坏的罪犯所受的痛苦。另一个人说，行为不当的孩子需要群体，而不是与群体分离。还有一个人指出，在一些社区中，最严重的违规者才会被团体避开——拒之门外。任何一个孩子都不可能做出需要最严重的惩罚的事情。对于一个孩子可能

---

① 美国的一种纪律教育手段，让犯错的幼儿坐在教室的角落里反思。——译者注

犯下的任何错误来说，这个惩罚都太严厉了。

那么，你是如何与家长们一起克服在指导和纪律方面的文化差异的呢？你是否意识到了你在培训中所学到的关于指导和纪律的知识有多少与你自己的文化有关？

教师能做什么

- 当教师以一种方式行事，而家长以另一种方式行事时，就需要进行严肃的讨论来弄清楚家庭的观点，并分享你的观点。这不是关于对与错，而是关于差异（法律所定义的虐待儿童的情况除外）的。如果你已经和家长建立了关系，并且彼此信任，那么谈论如何帮助孩子在学校和家里都能获得良好的发展就会变得更容易。
- 从观察家长和孩子开始，如果家长的行为不符合你的指导和纪律教育的方式，暂停判断。
- 让家长观察你是如何处理不当行为的，并在事后讨论。
- 如果差异太大，那就相信困境最终一定会得到解决，但可能不是马上。试着了解家长的方法、背后的原因，以及他们预期的结果。如果这是一种跨文化的情况，你们可能都需要了解对方的文化价值观。
- 解释你的方法和你这么做的原因，但不要试图把它们灌输给家长。这应该是一种信息的相互交换。
- 持续改善这种关系。
- 如果你用的方法不起作用，而家长用的方法起作用，那就试着用不同的方法教育孩子。这并不意味着你必须放弃自己的价值观或转而模仿家长。无论如何，不要做任何你认为对孩子有害的事情。
- 敞开你的心扉，接受"你认为有害的事情在家庭环境或他们的文化背景下可能并非如此"的想法。例如，如果你接受过早期教育原则的训练，你就不会把"贴标签"作为一种引导行为的方式，因为一般来说，这种做法被认为对孩子的自我形象有害。但是如果家长叫孩子的名字，或者使用某种标签，你就无从知道也不应该判断那个名字或标签对孩子而言意味着什么，尤其是在跨文化的情况下、在你不会说的语言环境中。

策略 19　围绕你认为有害的做法与家长一起合作

教师需要知道什么

当早期教育专业人员发现家长所做的事情对孩子有害时，就会出现一种棘手的情况。如果家长有虐待或忽视的嫌疑，专业人员必须向当局报告。不符合虐待法律界定的行为或做法则是另一回事。这是一种微妙的情况，必须谨慎处理。如果你对家长提出指控，可能会破坏你一直以来建立的关系。如果你忽视这种情况，孩子可能会受到伤害。

举一个一年级老师的例子，她的学生说她妈妈那天早上打了她的腿。这位老师强烈地感觉到拍打是有害的，但是孩子的腿上没有淤青，甚至没有红色的痕迹。老师知道打屁股只要没有留下持久的痕迹就是合法的。她很关心这个孩子和这个家庭，但是当她越来越了解他们的时候，她发现打屁股是家长唯一知道的指导孩子的方法。如果老师设法说服他们放弃把打屁股作为一种惩罚的措施，但没有给他们一些其他对其有意义的策略，那么这个家庭就没有任何方法来指导孩子的行为。那就是给家庭帮了很大的倒忙。于是，老师发起了一系列关于纪律教育的小组讨论，这些小组讨论非常受欢迎，参与人数也非常多。所有来上课的家长，包括那位老师记挂着的母亲，似乎都从课程中学到了很多东西。

这里有另一个存在潜在危害的做法的例子。一位奶奶把她 3 个月大的孙女抱到你的婴儿中心，并告诉你要让她趴着睡觉。当你犹豫的

策略 19 围绕你认为有害的做法与家长一起合作

时候,她坚持说宝宝不能仰着睡。另外,她还说这很危险,因为婴儿可能会吐出来呛到。你认为这位奶奶只是守旧或无知。但是,她会打文化牌,告诉你在她的文化中,婴儿趴着睡觉是一种传统。你是应该对文化做出响应并与她保持一致,还是争辩趴着睡觉的婴儿有患婴儿猝死综合征(Sudden Infant Death Syndrome,SIDS)的风险呢?

如果你试着去了解这位奶奶更多的想法和文化传统,这将对孩子和你与家长的关系都有帮助。认识到在某些文化中患 SIDS 的风险比在其他文化中小是很重要的,特别是在婴儿从不单独睡觉的情况下。孩子与父母睡在一起是许多家庭的普遍做法。此外,不管文化如何,当婴儿仰卧时,某些身体条件会使他们处于更危险的境地。这并不是说你应该不假思索地同意奶奶的说法。如果你不至少分享一下你对表明婴儿趴着睡觉时患 SIDS 风险更大的研究的理解,那你就在专业上失职了。统计数字可能不会给她留下深刻印象,但你要试着用她可能听得进去的方式陈述事情。不要和她争论。以开放的方式分享你的信息,并多问问她的观点。这可能有助于弄清楚这种观点在她的文化中是一种普遍的看法,还是她所在的文化中的某些成员(甚至她自己的家庭)对趴着睡觉有不同的看法。毕竟,就在不到一代人之前,所有听从医学建议的美国人都让婴儿趴着睡觉,因为这种方式当时被认为比仰着睡觉更安全。

一种可能会让教师、照护者和提供者感到吃惊的文化实践叫作"刮痧",它是亚洲文化中一些人的一种治疗或预防措施,包括在皮肤上涂一种特殊的液体,然后用硬币或勺子在皮肤上摩擦。摩擦的力度足以在皮肤上留下持久的红色痕迹,除非你理解了,否则你可能会认为这是一种虐待行为。

一个人认可的治疗或预防措施对不理解的人来说可能是虐待。比如想一下打疫苗这件事。如果人们对打疫苗一无所知,他们会如何看待家长让别人在自己孩子的手臂上扎针?家长可能会向持怀疑态度的人解释，这是一种预防措施，不会伤害婴儿。但是观察者们可能不相信，尤其是当婴儿在打针时因疼痛而哭泣的时候——特别是当她后来生了病时。除非观察者所处的文化相信科学，可以接受这一程序的技术性解释，否则他们必须相信这确实是一种预防措施，因为他们亲眼看到这伤害了婴儿，并且使她生病了。一个对西方科学或医学一无所知的人需要怎样才能理解这种做法？而你又需要怎样才能理解与西方科学或医学相矛盾的治疗或保护措施？我们都需要接受这样的观点：我们的方法不是唯一正确的方法。

教师能做什么

- 不要立即做判断。寻求更多的理解。芭芭拉·罗格夫（Barbara Rogoff，2003）认为，虽然判断是必要的，但如果我们能超越"自身的想法是唯一正确的想法"的观点，我们就可以做出更好的决定。只有当我们能看出一个文化环境下的情境，理解不同于我们自己的观点、想法和信念时，我们才能做出明智的判断。
- 在你确保不会太快下结论的同时，如果遇到的虐待符合你所在州的法律界定，不要犹豫，立即去报告。很多时候，儿童的死亡是因为原本可以救他们的人迟迟没有报告疑似虐待的事件。
- 当考虑如何处理看起来有害的做法时，你还可能受到政策、法规、标准或许可的限制。这并不意味着你不应该试图去理解它们，但你也必须考虑它们对你的限制。
- 无论如何，试着保持你已经与家长建立起来的关系。
- 提高你的倾听技巧。使用想象力也有帮助，因为你会试着从一个不同于你自己的角度来看待事物。试试贝蒂·琼斯和雷娜塔·库珀（Betty Jones & Renatta Cooper，2006）所说的"相信游戏"。她们说，"想象别人对事物的看法需要暂停现实（我真正所相信的），这样才能假装。（这是别人相信的。如果我努力，

策略19 围绕你认为有害的做法与家长一起合作

我能做到吗?）在我们生活的这个多元化的世界里,我们不断地遇到不相信我们所相信的东西的人。我们可以嘲笑他们,或者和他们打架,或者假装看不见他们(直到他们激怒我们)。又或者我们可以接受'拥抱对立'的挑战"(p. 23)。

- 寻找可以与你讨论的来自不同背景的人。然后,问问题并学习更多东西。

策略 20　思考与儿童学习方式有关的不同观点

教师需要知道什么

家庭成员在评判孩子所处的教室或项目时，会想起自己所受过的教育。那些被教导要在课桌前坐直的人，可能会批评教室里有其他类型的桌椅和一个放着坐垫的阅读角。此外，如果他们享受过类似于历史上著名的夏山学校（Summerhill School）所提供的早期教育——游戏是课程的一部分，孩子们决定他们想要做什么以及去哪里做（在室内或室外）——那么，他们对于自己的孩子为了学习必须坐在课桌前这件事就可能会皱眉。

当参加儿童早期教育项目时，许多家庭成员可能会想到入学准备的问题。很明显，家长希望他们的孩子在学校里表现良好，所以他们可能想在幼儿园和一年级大力推动孩子的学业发展，甚至超出研究显示的发展适宜性范围（Copple & Bredekamp，2009）。

即使在同一个家庭中，家庭成员对于上学前班之前孩子应该做什么的看法也会有很大不同。与 5 岁以下儿童一起工作的早期教育工作者可能对这一主题也有不同的看法，但是那些接受过早期教育理论和实践训练的人很可能持有发展的观点。他们可能把游戏视为课程的一部分，但并不是所有的父母都这么认为。因此，冲突可能就会出现。对于一个家庭或一些家庭来说，促使幼儿教师开展早期教学，希望他们的孩子在学前班之前就能阅读，这并不罕见。当专业人员就发展适

策略 20　思考与儿童学习方式有关的不同观点

宜性的观点进行争论时，他们可能会说服一些家庭，但其他人会更努力地坚持自己的观点。

有时，这些家庭的想法来自他们听说的对大脑发育研究的误解信息。早期教育学者的压力来自方方面面。

有时，关于教学的想法源自文化差异，而不是对大脑研究的误解。举个例子：一位中国母亲自己学习母语阅读的经历影响了她对孩子应该如何学习英语阅读的看法，尽管学习汉字与学习使用字母的语言需要不同的技能。她认为她的孩子应该坐下来背单词，而不是在幼儿园玩橡皮泥和彩绘。孩子的老师并没有和这位母亲争论，而是倾听她要说的话，即使对于"在当前的发展阶段，什么对孩子来说是最好的？"这个问题，老师与她的观点不同。远离争吵创造了更好的合作氛围，母亲和老师最终成了合作者而不是敌人。

进入对话的一个先决条件是，早期教育专业人员要探索他们自己对特定家长或一般家长的态度。他们应该对自己真正相信的东西进行一些心灵探索，探索那些可能会妨碍倾听的情绪"引爆点"。如果他们能清晰地表达出项目的入学准备方案也会起到作用，这样他们就可以向有不同想法的家长解释，而不会过于强硬或引发争吵。如果专业人员相信这一方案，他们就可以把自己的防备心放到一边，从自己的角度学习不同的观点。因此，有疑问的人们可以创造有益的对话。一旦他们彼此听得够多了，对对方有了比最初更进一步的了解，也许他们就可以停止站队，开始考虑什么对孩子来说是最好的。

这是许多需要良好倾听技巧的情况之一。专业人士需要确保家长感觉到他们的意见得到了倾听。他们还需要努力去理解家长到底想要什么。如果在一段时间的对话之后分歧仍然存在，就需要解决冲突或达成共识的技巧。确保任何解决问题的过程都能建立关系，而不是破坏关系。

让孩子们对学习感到兴奋是大多数早期教育项目的共同目标。与家长分享这个目标是有用的。当孩子们被鼓励成为有创造力、有能力的探索者和问题解决者时，学习的乐趣就来了。对一些家长来说，游戏和探索可能不太像教育活动，但当他们明白孩子正在学习如何学习时，他们可能会欣赏这种方法的有用之处。

教师能做什么

- 从审视你自己关于"儿童如何学习"的个人哲学开始，也许是值得的。写一份清单或陈述，说明你对儿童学习过程的看法和了解。然后你可以判断你是否同意以下关于学习的观点。当你清楚自己所相信的观点时，可能会更容易去倾听和理解与你相反的观点。

- 把环境看作一个重要的学习工具，特别是当环境能反映和验证多样性的时候。

- 把儿童的探索倾向看作一项重要的学习技能。在幼儿园，甚至在学前班和小学里，这些倾向会引导孩子走上学习的道路。例如，学前班至小学三年级的教师可以通过在数学课上使用操作性材料来提供探索的机会。探索可能看起来更像身体活动而不是精神活动，尤其是对于非常小的孩子而言，但这种品质恰恰被历史上的发明家、发现者、创造者用来向如今形成的知识体系中添砖加瓦。有多少探险家能直接到达他们的目标？不是很多。漫步时，你会发现许多奇妙的事情。

- 重视戏剧表演，鼓励幼儿开展假装游戏。博德罗夫和梁（Bodrova & Leong, 2007）在维果茨基（Vygotsky）的研究基础上，对一个名为"思维工具"的项目进行了一些有趣的研究。磨炼你的观察技能，并帮助家长磨炼他们的观察技能，这样当他们观察孩子在游戏中学习到了什么时，他们对游戏的重视就会提高。家长们甚至可能会看到允许孩子更长时间地自由游戏的好处（而不是把它看作课间休息——学习间隙休息的时间）。当成人明白大多数孩子在丰富的、具有创造性的游戏中是多么有能力时，他们可能会减少打断游戏的次数并后退一步，这样他们就不会指挥游戏或接管游戏。

- 将自己树立成足智多谋的榜样，这样孩子们就会把你看作一个学习者。当孩子们问为什么时，和他们一起找出答案。此外，让家长知道你在做什么，并邀请他们参与这个过程。

- 帮助家长看到他们可以如何使用鼓励而不是表扬，这样孩子们就更有可能把学习本身当作奖励，而不太依赖成人对成功的认可。通过说"对于你刚刚取得的成就，你一定感觉很好"来帮助家长理解强调内在奖励的好处。外在奖励是来自外部的奖励，会让孩子依赖他人来获得学习的动力。外在奖励可以是社会性奖励——表扬或一些有形的东西（比如一块糖）。使用这类策略（即使是星图）时要谨慎，不要设置竞赛看谁得到的奖励最多。

- 不要对以上任何建议进行争论。注意争论和对话之间的区别。对话的目的是理解——而不是取胜。关键是要扩充一个人的知识，而不是试图说服另一个人接受不同的观点。

- 与其争论，不如给家长提供机会观察你和他们的孩子，然后模仿你所相信的内容。这样做的目的不是说服家长，而是扩大他们的视野——就像你的目标应该是通过观察家长与孩子的互动以及与家长的持续性对话来扩大自己的视野一样。

- 在发起对话的时候，要记住沟通不仅包括说，还包括听。有时候，如果我们想获得更大的视野和更深的理解，我们听的内容就必须比说的内容多一倍。

策略 21　　管理冲突

教师需要知道什么

虽然冲突管理的长远目标是解决分歧，但当前和持续的目标应该是避免在试图达成共识的同时破坏关系。这两个目标的关键都是有效的沟通。沟通是一个巨大的主题，有自己的内部结构，也穿插在本书的各章节中。这一章节的特定策略旨在看一看如何从两个看似相反的观点出发，找到适合所有人的方法。新墨西哥大学特殊教育学教授伊绍拉·巴雷拉（Isaura Barrera）（Barrera & Corso，2003）采用的一种方法关乎她所说的"第三空间"。

面对似乎是矛盾或悖论的事物时，二元思维到整体思维的转变就有可能会发生，而这种转变与第三空间有关。如果一位家长的孩子在幼儿园里主要通过游戏来学习，那么当她来到学前班看到孩子们坐在课桌前做作业时，她和教师可能对"孩子们在童年早期需要什么"有着非常不同的概念。此外，教师可能在做她必须做而不是想做的事情。在这个讨论中，假设这位教师认为写课堂作业是孩子学习的重要方式，而游戏不是。

这里有另一个婴儿—学步儿项目的例子。一位家长在自己孩子6个月大的时候就开始训练他上厕所，而中心的规定是等他到2岁生日之后再学习上厕所。这就会产生冲突。

在这些例子中，双方的做法都有理由。第一种情况下的教师和第

策略 21　管理冲突

二种情况下的照护者可能会想"我是对的，她是错的"。在这两个例子中，家长与教师和照护者想的可能正好相反。

当争论发生时，如果家长认为权力掌握在学校或中心手中，那么学校或中心很可能会赢——尤其是如果引用政策、法规、研究或专家的意见，可能会使天平向有利于学校或中心的方向倾斜。然而，争论失败的家长可能不会觉得自己与孩子的老师或照护者是合作伙伴。

以第三空间解决方案为目标意味着冲突超越了输赢，关系蓬勃发展，并且没有人必须屈服。对许多西方思想家来说，在冲突面前双赢的想法与逻辑相悖，他们习惯了竞争中总会有输家。

另一个阻碍实现第三空间解决方案的因素是被称为"盲点"的东西。盲点的问题在于，我们并不知道自己有盲点，就像我曾经对一个有管状视力的朋友说的那样："这就像从两个纸巾管里往外看，其他东西都是黑色的，对吗？"他笑着对我说："珍妮特，我眼角看不到的东西和你脑袋后面看不到的一模一样！"我的朋友有盲点，我也有盲点，但我从来没有想过。

管状视力跟游戏与课堂作业的冲突或如厕训练上的冲突有什么关系？让我们假设教师认为课堂作业对孩子在学校里的成功非常重要。她得到了校长和地区政策的支持。当面对一个想让孩子在教室里游戏的家长时，她可能会感觉她是对的而家长是错的。在照护者的例子中，我们假设照护者在如厕训练上具备知识和经验，并参与制定了该项目的方案。她对自己的方法很有信心。当一个家长的想法与她的专业知识和项目方案相冲突时，她会判定这个家长是错的，因为她有一个自己没有意识到的盲点。她完全忽略了如厕训练对这个家庭的意义，就像第一个例子中的教师不知道游戏对那个家庭意味着什么一样。两名专业人员都认为，这些家长的做法是个"问题"。

如果被告知冲突应该以双赢的方式结束，这两位专业人员都会觉得自己陷入了矛盾之中。他们要如何解决这个问题？为了实现文化敏感或个体敏感，他们是否必须屈服于他们所认为的不现实、错误甚至有害的东西？

不！罗格夫（2003）说，"理解不同的文化实践并不需要决定哪一种方式是'正确的'（这并不意味着所有的方式都是好的）。理解不同情况下的行为，我们就可以接受不一定彼此排斥的可能性"（p. 14）。通常，当面临困境时，努力做到文化响应的教师可能会在他开始看到与自己不同的文化观点时屈服。但当你了解文化差异时，你不必放弃自己的方式。把假设放在一边，去理解而不是去评判。你可以猜测这种情况代表了什么文化模式，但你可能不对。罗格夫建议你不断地测试和修改你的想法。正如她提醒我们的，"总有更多的东西需要学习"（p. 14）。

有可能教师和家庭成员的想法比他们想象的更相近。如果他们不把自己放在对立的立场上，他们可能会对自己能想出什么感到惊讶。在如厕训练的例子中，家长的观念可能与文化或家庭传统有关，并且具有照护者不理解的意义模式。（参见"策略17"，了解不同的意义模式的例子。）另一方面，这个家庭可能接受了一个不属于他们传统的新观念——但却是一个朋友告诉他们的。这个家庭对一个叫作"消除沟通"的新概念感到兴奋，并认为他们可以在尿布上省下很多钱。他们无法依靠家庭传统来帮助自己学习这种方法，但他们发现一个网站对此进行了解释。他们通过密切关注婴儿的排泄模式和信号，学会了如何与他合作，这样他们就可以把他放到便盆上——就像其他那些将此视为跨世纪的古老传统的家庭一样。对于照护者来说，这种特殊的如厕习惯是一种文化传统还是一种新观念有关系吗？让我们希望没有吧。当面对两个看似不相容的方法间的悖论时，即使知道家长所做的事情在其看来是有原因的，也依然无法给照护者带来安慰。

帕克·帕尔默（Parker Palmer，1997）就如何看待悖论的积极层

策略 21　管理冲突

面提出了一些建议。他写道,"我们如此条件反射性地分割悖论,以至于我们不清楚为这种习惯所付出的代价。悖论的两极就像电池的两极:把它们连在一起,就能产生生命的能量;把它们分开,电流就会停止流动。当我们把生活中任何一对深刻的真理分开时,两极也就都失去了生命。分割一个鲜活的悖论对我们的智力、情感和精神健康所产生的影响,就像吸气而不呼气的决定对我们的身体健康所产生的影响一样"(p. 64)。

当我们把悖论看作积极的东西时,"成对的事实"是一个有用的术语;但是当冲突中的人们把自己看成对立的一方时,这个概念可能会变得难以理解。我们还得想办法做些什么。

巴雷拉和科尔索(Barrera & Corso,2003)给出了在这种情况下如何使用第三空间的一些见解。"第三空间的视角并不能'解决问题'。相反,它将竞技场转变为可以通过增加尊重、回应和互惠的可能性来解决问题的舞台。这样一来,对这种情况做出最佳反应的可能性就更大了"(p. 81)。

进入这一领域的一个方法是从二元思维转向整体思维。在二元思维中,对立的思想被看作是二分的,这妨碍了问题解决。如果一个东西是对的,就不可能是错的。如果它是坏的,就不可能是好的。如果它是蓝色的,就不可能是黄色的。当你从二元思维转向整体思维时,你就不再把差异分成对立面。整体思维的一个例子是把蓝色和黄色结合在一起形成绿色。蓝色保持着它的蓝色,黄色保持着它的黄色,它们一起创造了一些全新的东西。绿色就是第三空间的一个例子。

布雷德坎普和科普尔(Bredekamp & Copple,1997)在全美幼教协会(National Association for the Education of Young Children,NAEYC)出版的《早期教育发展适宜性实践》(第二版)(*Development Appropriate Practice in Early Childhood Programs, Second Edition*)中解释了第三空间,只是没有给它命名而已。他们说,"对全美幼教协会(1997)关

于发展适宜性实践的立场声明的一些批评意见反映了美国教育话语中反复出现的一种趋势:在很多问题上,'非此即彼'的立场往往比'双赢'的立场要多得多"(p. 23)。在该书的新版本中,他们贯彻整合了"双赢"的视角(Copple & Bredekamp, 2009)。

教师能做什么

- 围绕冲突领域达成共识的第一步是暂停判断,试着理解对方的观点。罗格夫(2003)写道,"我们必须将对模式的理解与对其价值的判断分开。如果对价值的判断是必要的(它往往是必要的),那么,如果暂停判断的时间长到足以同时获得对自己熟悉的方式和其他文化中有时令人惊讶的方式的理解,所得的价值判断就会好很多"(p. 14)。(参见关于模式的"策略 15"和"策略 17"。)

- 要暂停判断,不妨听听来自现今阿富汗地区的 13 世纪诗人鲁米(Rumi)的建议,他写道:"在对和错的观念之外还有一个所在。我会在那里与你相遇。"如果你和家长一起去那里讨论你们的观点,可能会看到一个比你们双方的理解都更广阔的现实。

- 欣赏成对事实的力量,记住帕尔默(1997)所说的,只坚持其中一方就像吸气而不呼气。与其试图立即解决问题,不如去鲁米所说的地方,它会将竞技场改变为可以让你们进行对话的舞台,也给你们更多的机会进行全面思考。

- 寻求对情境的最佳反应,同时增加关系的深度和强度。这种方法可以让你更容易地找出在这种情境下你与这个孩子和家庭在这个教室或项目中的不同之处。史蒂芬·柯维(Steven Covey, 2012)在《至关重要的对话》(Critical Conversations)的前言中,用"协同"一词来命名第三空间。他说,我们必须滋养我们的人际关系,开发工具和技能,并增强发现新的、更好的问题解决方案的能力。这些更新更好的解决方案将不会代表"我

策略 21　管理冲突

的方式"或"你的方式"——它们将代表"我们的方式"。
- 认识到要达到第三空间或协同解决方案，你需要：
  - ✦ 相信它是可能的。
  - ✦ 接受多重现实和成对事实的存在。
  - ✦ 从争论和劝说转变为对话。
- 练习对话而不是争论，因为根据柯维的说法，真正的对话"能使人和关系得到转变……并创造一个全新的层次，该层次结合了'中间道路'理论——不是直线上两个对立点之间的妥协，而是更高的中间道路，如三角形的顶点"（p. xii）。
- 要认识到，虽然找到冲突的解决方案是最终目标，但你可能无法达到这个目标，所以在这种情况下，你只能实践冲突管理，因为你没办法实现冲突解决。也许你能做的最好的事情就是求同存异。

有一次，在一个研讨会上，人们提出了关于如厕训练的不同观点。我说："你们不必做父母想做的事。在中心里要做到这一点是很难的，我只是告诉你们要尊重这种差异。"当我说完这句话时，观众中突然有人举起了一只手。一名与会者显然非常渴望发言。她站起来说："这就是发生在我身上的事。一位母亲带着她1岁的女儿第一次来到中心，告诉我她女儿已经接受过如厕训练。我不相信她的话，但我没有做出否定的回应，而是让她告诉我她做了什么。她展示给我了，效果很好！这个婴儿受过训练，不需要穿尿布。这种方法并不比换尿布花费更多的时间和精力。"这个故事让我感到惊讶的是，这个与会者虽然愿意尝试一些新的东西，但实际上并不相信它会起作用。她错了。它确实起作用了。这个故事展现了一个双赢的解决方案。照护者坚持她对其他孩子的信念，但也能让这位母亲满意。换句话说，照护者不断地扩充关于"什么是可能的"的想法，并没有放弃任何东西。

50 STRATEGIES FOR COMMUNICATING AND WORKING WITH DIVERSE FAMILIES

第四部分

家庭参与和教育

策略 22　　**考虑家庭参与**

教师需要知道什么

　　学校、幼儿园、婴幼儿项目和其他早期教育项目中的家庭参与，有时被称为"家长参与"，它包括大大小小的事情，从协助课堂到在董事会或咨询委员会中服务再到制作家具。家长参与的其他活动还包括把设备带回家修理、清洗画画衣、捐赠物资，或在周六来打扫院子。参加家长教育会议是家庭参与的另一个例子。众筹也是家庭参与的另一种方式。同样重要的是要认识到，对一些家庭来说，参与可能意味着让孩子每天早上起床并坐上公交车。这不是传统的家庭成员在教室里亲身参与的方式，虽然那些家长也可以在家里做一些东西送去学校，比如做饼干或为班级项目收集材料。

　　合作幼儿园是家长参与项目的一个例子，其建立在家长参与的基础上。在推动即将上幼儿园和小学的孩子的家长进入教室方面，它们发挥了重要作用。如果没有它们的影响，把家庭和学校分隔开的旧传统（例如，当家长把他们的孩子送到教室和教师手里时，双方都不会跨过对方的门槛）将继续有效。

　　在传统上，合作幼儿园更注重整体的发展，而不是狭隘的入学准备或学业知识。随着教师们对"准备就绪"这一含义的理解越来越广泛，这种影响已使越来越多的学校采用具有发展适宜性的做法。

　　许多家长参与的项目是由公立学校所在地区赞助或与成人教育计

划相联系的。通常情况下，孩子的家长负责管理项目、聘请教师和（或）担任决策委员会中的一员。登记入会的家长通常被要求定期在教室里工作。有时家长们会在会议结束后见面并讨论当天发生的事情。一般来说，这些项目只包括上半日班的孩子。这些课后会议是该项目中家长教育部门工作的一部分，通常与整个小组的晚间会议同时举行。选择这类项目的是那些有时间和兴趣深入参与孩子保育与教育的家长。

如前所述，如果家长在工作期间送孩子去公立学校和（或）幼儿中心，他们可能不想被要求或没有时间实现家长参与。这本书的主题之一是与家庭建立合作关系，因此必须指出，强制要求家长参与、要求课堂上有一个家庭成员在场，可能不利于这种合作关系。如果一个项目的目标是赋权，那么要求家长做一些他们不想做或没有时间做的事，会导致结果向与目标相反的方向运行。任何真正对与家长发展合作关系感兴趣的人，都需要考虑如何利用父母的参与来达到这个目的，而不是采用一种破坏它的方式。

乔伊斯·爱泼斯坦（Joyce Epstein，2001），"全国合作学校关系网"（National Network of Partnership Schools）的负责人，将家长对学校活动的参与分为6类：

（1）家长教育活动。
（2）学校与家庭之间的沟通。
（3）志愿者机会。
（4）家庭学习活动。
（5）决策机会。
（6）社区合作。

家庭参与和家长参与所基于的观念是"儿童的成功和家庭成为儿童保育与教育计划的一部分紧密相连"。"成功"可以被定义为学业成就、入学准备、学习能力的提高或儿童整体的最佳发展。

教师能做什么

- 从一个方向开始。招生简章应明确学校、教室或项目关于家庭参与的理念。教师应该持续地表现出欢迎的态度。让父母和其他家庭成员无论何时进入项目都能感到舒适。

- 建立一个告诉家长"你属于这里"的环境。当你实施时，请时刻记得多样性。如果可能的话，为他们创造一个欢迎的空间。要想在学前教育项目中更容易地实现这一点，可以为家庭成员提供一个坐着的地方、为幼儿的弟弟（妹妹）准备玩具、为家长准备一个展示他们感兴趣的物品的公告栏。如果班里涉及多种语言的家庭，可以找到让公告栏反映这一情况的方法。一些教室和项目有为每个家庭准备的邮箱、可取阅的小册子（同样是用各个家庭的语言编写的），甚至还有反映多样性的可供借阅的书籍。在孩子够不到的地方放一个热气腾腾的咖啡壶也会锦上添花。

- "开门"政策能让家长知道他们的存在总是受欢迎的，虽然对于幼儿园至小学三年级的教室而言，这可能有些困难。

- 努力与每个参加项目的家庭成员建立关系。这可能意味着要找翻译来帮助你和一些家长沟通。在幼儿园和婴幼儿项目中，只要孩子来了或有人来接孩子，你就可以陪在他们身边，这对一段关系来说是一个良好的开端。

- 了解家长们的兴趣，并询问项目如何能更好地为他们服务。对各个年龄段的项目来说，这都是个好方案。比起只有儿童受到关注，当家长也成为焦点时，项目可以提供或组织家庭真正想参与的活动（比如远足、聚会、周五晚上的披萨和为全家提供的影像）。在这个决策开始实施后，可以由一个家长委员会来接管计划和组织。

- 给家庭成员如何帮忙或成为计划的一部分提供建议。当你了解了家长，了解了他们的优点、兴趣和技能之后，这种方法就能发挥最大的作用。你可能会发现一些家长愿意分享与其独特性或文化相关的信息、技能或物品，这将丰富孩子们的经验。

- 提供观察的机会。对于家长来说，这能够帮助他们开始了解项目，并弄清楚作为参与其中的家庭成员，他们最适合在哪里工作。
- 帮助每个家庭了解项目中的其他家庭。
- 如果家长愿意提供联系信息，创建一个地址列表分发给各家。
- 注意哪些孩子会花时间待在一起，并告诉他们的家长，万一他们想组个游戏局呢。
- 寻找可能阻碍某些家庭参与的障碍，看看哪些可以消除。儿童的弟弟（妹妹）能和家长一起去教室吗？偶尔的周六活动能对那些想参与但在工作日很忙的家长有帮助吗？
- 要认识到，有些家庭把学校看作是独立的、与家庭生活分离的，他们希望教师能够在没有他们参与的情况下进行教育。家长参与的整个想法对他们来说可能是非常奇怪的。有些家长可能觉得自己太不够格，不能把自己看作"孩子的第一个老师"。不要强迫家长做他们觉得不舒服的事情。只要继续努力与他们建立关系即可。
- 在"策略28""策略30""策略33"中寻找更多关于如何创建和支持家庭参与的办法。

这里有一个关于家庭参与的故事：一个家庭在他们的幼儿照护中心里感到非常自在，以至于当孩子进入幼儿园时，他们很欢迎教师第一天发给他们的参与方式列表。这个家庭成了其他不习惯于参与孩子所在项目的家庭的催化剂。

这个家庭与另一个家庭形成了鲜明的对比，另外那个家庭来到幼儿照护中心的时候，认为这是学校，而教师才是了解教育的人。他们非常尊敬这位教师——以及所有的教师——所以他们把教师当作偶像来崇拜。他们的态度影响了他们与教师之间的关系。当这个家庭遇到另一个来自他们自己的文化背景但对幼儿照护中心有着不同看法的家庭时，他们也开始从不同的视角来看待事情。他们遇到的这个家庭有一个表妹，她是这个项目的一名助理教师，她帮助他们在中心里有了宾至如归的感觉。然后他们开始注意到他们的新朋友是如何参与这个项目的，这给了他们一个启示——他们也可以参与其中。最终，他们开始寻找帮助他人的途径。有一天，这家的奶奶主动提出把画画衣带回家周末洗。周一，当她把画画衣拿回来时，她注意到一位父亲正在给一小组孩子读一本西班牙语书。这启发了她去教孩子们一些她小时候唱过的歌曲和玩过的手指游戏。后来，这家的母亲提出要参与进来和孩子们一起做玉米饼。当她在做的时候，她有了一个想法，也许中心可以举办一个百乐餐晚会，每个家庭都可以带一道地方特色菜来分享。这个家庭从开始没有任何参与到最后大量参与，这中间的过程完全不是被要求的。

策略 23　让家长进入教室或中心

教师需要知道什么

这一条策略的重点是如何在课堂上发挥家庭成员的志愿者作用,这是让他们参与孩子教育的一种常见方式。开端计划从 20 世纪 60 年代中期开始就成功地运用了这一策略。一些幼儿园至小学三年级的教室、学前班和婴幼儿项目中也使用家长志愿者,但并非所有的学校都这样做。有些项目是强制性的,有些则不然。

家长志愿者有很多模式。一些合作幼儿园让家长担任了教师的角色并以此提高了师幼比。幼儿园和小学教师是否使用家长志愿者取决于许多因素,它们包括地区政策和法规、专项经费、学校传统以及教师自身的喜好。

当早期教育专业人员致力于家庭,并将他们的工作视为以家庭为中心的保育与教育时,让家长在中心或教室里工作的效果就会很好。但当这些专业人员涉足这个领域时,情况就不那么好了,因为他们喜欢和孩子一起工作,但不喜欢和家长一起工作。在某些情况下,这是专业发展的早期阶段——关注孩子而忽视家长——但在另一些情况下,这种态度会贯穿于专业人员的整个职业生涯。

当然,家庭成员进入中心或教室会使专业人员的工作变得复杂。一方面,人员和互动的数量都增加了,教师、工作人员或照护者必须为儿童和额外的成人制订计划。另一方面,孩子在家长面前会表现得很不一样，这可能会扰乱团体。

支持家长进入中心或教室的人列举了许多好处。花时间参与孩子教育的家庭成员可以了解教室里发生了什么，并了解他们的孩子是如何学习的。对许多家长来说，他们作为早期教育学习者的经历能发生在一个更结构化、更严格、更学术的环境当中，而且花时间在孩子的中心或教室里有助于他们理解发展的过程以及在儿童早期学习中适用的特殊方法。教室里的家庭成员可以直接观察他们的孩子与他人互动的方式。它扩充了他们对自己孩子的看法。对一些家长来说，参与课堂是一种开阔眼界的经历，因为他们能学到更多关于一般性发展的知识。

在中心或教室里做志愿者能让家长和其他家庭成员因自己能给项目做出贡献而感到高兴。他们在那里待的时间越长，就越能想出更多关于如何利用自己的天赋、技能和兴趣做出独特贡献的办法。当他们看到其他家长带来文化工艺品和活动时，这种想法就会传播开来。家庭参与可以为课堂或中心带来多样性，以补充教师所能做的。

当家长花时间在教室或中心里时，家长和孩子的安全感都会增加。家庭成员和员工之间的关系也可以巩固，因为他们可以更好地了解彼此，而不仅仅停留于快速的日常问候和道别以及一年之中分散的会议。

教师能做什么

- 考虑实行"开门"政策，鼓励家长和其他家庭成员随时自由参观中心或教室。对一些专业人员来说，一个更具体的参观时间可能会更好——例如，在每周的一个下午邀请家庭成员在他们的孩子回家前早点过来参观。这些办法在一些对教室内的外来人员没有特殊要求（比如进行肺结核检查）的项目和学校中效果更好。
- 当家长和其他家庭成员来教室里协助教师或照护者时，如果他

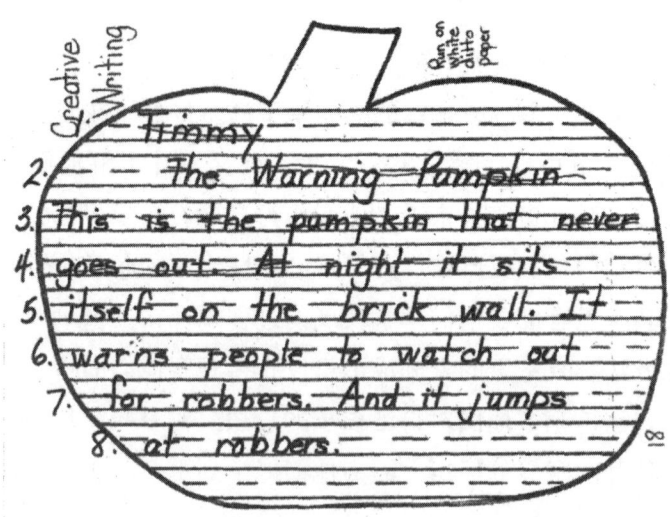

当孩子们学习到他们所说的内容可以用书面文字进行表达时,家长志愿者来到教室进行听写。这是一个十月份的活动,显示了蒂米写的关于南瓜的故事。后来,他自己把这个故事抄在了另一张纸上。

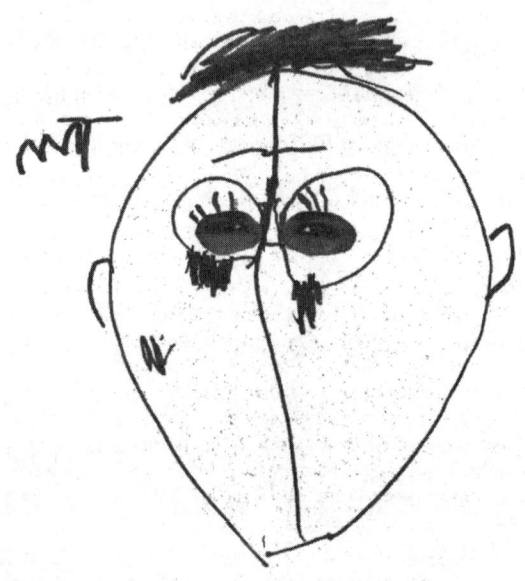

当家长志愿者在中心里鼓励孩子们参与到为他们设置的各种活动中时,学龄前儿童会得到更多的个人关注。一位家长志愿者为这份美术作品提供了帮助。

们能得到某种培训——无论是正式的还是非正式的——都会让这些家庭成员感到更有安全感。

- 非正式的培训要考虑到初学者需要立即知道什么。当然，他们需要了解专业人员的期望和课堂的常规。他们需要一个关于他们要做什么的描述，以及关于如何做的说明或提示。这其中的有些东西他们可以随着时间的推移慢慢学习，但是他们需要在第一天就得到确切的指导。在他们真正开始提供帮助之前先让其观察一天，这可以让他们了解工作是如何开展的。

- 正式的培训计划可以包括与早期教育哲学相关的原则、实践和目标的定向。儿童发展的信息是有用的，还可以加上一些关于学习风格和如何回应个别孩子与小组的一些理念。一些指导方法的提示将帮助家长理解专业人员在做什么，并使他们在面对引导行为朝积极方向发展的需要时感到更有安全感。

- 邀请家长观察。与帮助相比，观察是一个非常不同的行为，这一点需要解释给每个人——包括孩子和家长。如果有一个可供佩戴的特殊徽章，有一张可以坐着的特定椅子，或者有其他的方式来表示家庭成员正处于观察模式，那么每个人就都能理解将要发生的事情，所以，这么做是有帮助的。

- 除了让家长充当助手、助理教师或观察员外，还可以考虑让家长在教室或中心里做其他事情。他们可以帮忙为特殊的场合或儿童的生日策划并开展特殊的社交活动。不过，在实施这个想法之前，要确保所有的家庭都能接受庆祝活动。有些家庭由于宗教原因不能参加这种活动。要对差异保持敏感并尊重他们。一位一年级的老师通过一种不同的方式把家长带进了教室。她让家长们每周来两次，每次半小时，每天早上的第一件事就是给孩子读书或和他们一起读书。到场的很多人都是父亲。

策略 24　关注父亲和祖父

教师需要知道什么

在一些家庭中，祖父母代替了父母的位置。虽然本条策略的重点是父亲，但请记住，他很可能是祖父或其他你要尝试接触的父亲的替代者。父亲并不都一样。正如在各种情况下有各种各样的母亲一样，父亲也是如此。有些父亲与妻子和孩子住在一起，而且关系密切；另一些人虽然住在同一栋房子里，但没有那么紧密的联系。有些父亲会和另一个父亲一起生活在同性恋家庭中（就像同性恋家庭中可能有两个母亲一样）。在任何家庭中，都可能有血缘关系，也可能没有；可能有婚姻关系，也可能没有。一些父亲作为单亲和他们的孩子一起生活。一些父亲作为单亲抚养他们的继子女。在一些军人家庭中，母亲被派往海外，父亲负责照顾家里的孩子。我们很难对父亲做一个概括的描述，只能说对于一些早期教育项目而言，让男性参与比让女性参与更难。

那些没和孩子住在一起的父亲可能无法得到早期教育专业人员足够的关注。家长服务计划创建了一个父性项目，旨在让那些没和孩子住在一起的父亲参与进来。该项目的目标是为这些父亲提供必要的支持，使他们能够与孩子建立积极的关系。该项目举办了包括沟通和冲突解决等主题在内的育儿工作坊。父亲们还学习了压力管理和财务管理，并接受了职业培训。项目成果显著，其中包括减少了儿童的行为问题、提高了儿童的社交能力，甚至减少了童年贫困。有些在自己童年时期从未感受过爱的父亲学会了如何将爱传递给孩子,并从这种行为变化中收获了回报。在这个项目中,一些父亲的生活有了好转,他们做出了有益于自己、孩子和社区的改变。当他们参与到学校和其他早期保育与教育项目中时,他们认识到了为孩子挤出时间的重要性。

詹姆斯·莱文(James Levine,1993a)认为,让男性参与开端计划和公立幼儿园项目存在 4 个障碍:

(1)父亲害怕暴露自己的不足。

(2)项目工作人员对父亲参与的矛盾心理。

(3)把关控制的母亲。

(4)不适当的项目设计和传达。

当项目被设计成由母亲参与而不是由父母双方参与时,男性可能会感到不舒服和不受欢迎。有一些现象会暗示出这种情况的存在:当教师倾向于和母亲而不是父亲交谈时;当会议在少数父亲能参与的时间召开时;当项目中没有男性工作时;当一个孩子住在两个家庭,但只有一套通讯和通知发出时。

一些男性在进入幼儿园至小学三年级的教室和其他早期教育项目之前就已经融入了他们孩子的生活。他们曾在家长—教师协会(Parent-Teacher Association,PTA)或其他家长—教师组织中担任委员或干事。有些人在少年棒球联合会(Little League)中担任教练。许多孩子在开端计划下进入幼儿园,他们的父母也都参与其中。那些有经验的父亲有时比项目中的教师或工作人员更容易让其他父亲参与进来。如果你能让他们有组织地与其他男性接触,男性参与的比例可能会上升。

要让男性参与到大多数项目中来,而且工作人员必须有意识地这样做。让男性参与其中总是意味着,与父亲相比,更多的母亲将参与其中。加州旧金山湾区男性参与网络(Bay Area Male Involvement Network)的主任斯坦利·塞德曼(Stanley Seiderman)对于如何让早期保育与教育项目对男性更具吸引力有很好的想法。他说,"让父亲参与并持续参与孩子生活的方方面面,最大的动力是期望、鼓励和机会。虽然确实有一些男性想要参与其中,而且不需要太多的帮助,但大多数男性通常不会在我们的儿童照护环境中主动地站出来。他们倾向于沉默,容易感到不安"(Lee,2004)。

教师能做什么

- 让所有的父亲和其他男性都感到受欢迎。回顾一下"策略4"中关于创建反偏见环境的内容。阅读每一个策略,保持对父亲的关注。记住这些策略的同时,从父亲的角度分析一个早期保育与教育项目的环境。如果你是一位父亲,什么能让你感到自己受欢迎?又有什么会让你觉得自己不那么受欢迎呢?
- 当你想到父亲时,别忘了也要想到祖父。如前所述,许多祖父母正在抚养他们孩子的孩子。
- 想办法招聘到更多的男性教师和工作人员。探索男性进入这个领域的障碍,并开始解决它们。
- 认识到男性和女性体验世界的方式是不同的。尽管早期教育专业人员可能非常重视性别平等,但我们仍然必须承认,男性和女性是不同的。
- 分析环境和一日常规,看看它们是否欢迎男性并能反映他们的兴趣。还可以看看课程和方案,确保它们对男性友好。
- 通过观察和讨论,了解更多男性和女性体验的差异。了解更多的方法之一是增加男性教师和工作人员的数量,使人数更加均匀。
- 不要认为你所知道的男性和女性的体验差异是普遍存在的。在每种文化中,男性和女性体验是不同的。要学的东西有很多。
- 认识到学校和其他环境中的早期保育与教育领域有其自身的文化,我们这些在该领域受过培训和有经验的人已经成为其中的一部分，尽管我们可能还没有意识到这是一种"文化"。女性的影响（有意识和无意识地）比男性的影响更多地创造了这种文化。这是一个非常感性的话题，可以进行长时间的辩论。

- 透过观察和讨论，了解早期教育的文化。文化被谈论得越多，我们就越能了解它。
- 关注一些能让男性知道他们在这个项目中的位置的小事。例如，在《一起变强》一书中，李建议思考以下问题：
  + 如果有初次面试，是否安排好让父母双方都能参加？
  + 申请表格是否要求填写无监护权的单亲家长或母亲的另一半的姓名、地址和电话号码？
  + 邮件列表上的男性是否能收到所有的公告、邀请、问卷和简报？
  + 是否安排了家长会，以便父母双方都能来？是否希望父母双方都能来？
  + 在教室或中心里，男性能见到其他男性并与他们互动吗？
- 如果聘请男性教师很困难，请考虑以下建议让男性参与进来：
  + 男性巴士司机可以兼任课堂助手。
  + 一部分课堂助手可以由高中生和大学生志愿者担任。
  + 社区服务俱乐部可以派遣男性与孩子们共度时光。
- 确定男性想要参与其中，然后让他们参与决定如何参与。不要指望他们会自动对女性教师和母亲感兴趣的所有事情都表现出兴趣。
- 通过以下方法来增加男性对你所在项目的参与：
  + 创造为男性特别准备的活动。多年来，埃塞尔·塞德曼的丈夫斯坦利每个周六的上午都会在埃塞尔曾经担任主管的儿童照护中心为父亲们举行早餐会。
  + 举办一年一度的父亲节野餐活动。
  + 让一位父亲组织其他父亲选择一个工作日到中心、教室或操场上来。母亲也可以参加，但如果是父亲组织的，男性更有可能参加。
- 研究召开家长会的最佳时间，这样父亲就可以参与了。下午的时间并不适用于所有的父亲（或母亲）。
- 举办邀请所有人（包括父亲甚至祖父）的家长聚会。

策略 25 **对家长教育采取转型教育方法**

教师需要知道什么

许多人认为教育包括教师和学习者，他们各自扮演着不同的角色——教师教学、学习者学习。在早期教育项目中，这一理念适用于儿童，当项目中有家长教育的内容时，这也适用于家长。在这一特定的模式中，学习者是家长，教师是早期教育专业人员或其他专家。这种教育观是建立在教师拥有大量知识和技能的基础上的。因此，这种教育观下的目标是把知识和技能传授给学习者。

另一种模式是双向的，教师和学习者的角色更加具有流动性和动态性。这种模式认为教师和学习者是分享角色的。在这种模式中，当教师将自己也视为学习者时，其工作会更有效。教师会去了解自己的学生——他们是谁、他们对什么感兴趣、他们知道什么又能做什么、他们需要知道什么又需要有什么能力、他们怎样才能学得最好。教师也在学习——主要是通过观察——每个学生的"学习边缘"在哪里；它也就是，每个学生准备下一步学习的内容。维果茨基是一位苏联理论家，他用"最近发展区"（ZPD）来形容学生的学习边缘。

利用教师作为学习者和学生作为教师的这些理念，我们有可能摆脱以知识传播模式为基础的家长教育，并转向所谓的转型教育模式。简而言之，转型教育就是两个人或两组人走到一起，通过他们的互动让双方都变得更好。转型教育与家长教育有关，它假定教师和家长拥有相互补充的知识体系。当多样性存在时，转型教育就显得至关重要了。而且多样性总是存在的，即使在那些看似来自相同背景、种族或文化的人群中也是如此。再深入一点，你还会发现代际、宗教、经济、性别、年龄和能力上的差异，而这只是开始。

转型教育并不排除举办工作坊、开设育儿班或提供书籍和其他资源来启迪家长。它只是意味着教师能意识到，在所有与教育和儿童保育有关的事情上，都存在着各种各样的观点。他能对差异敏感，并试图理解它们。这是一个关于开放的问题，而不是劝说性的推销。教师可以从转型教育的过程中获得大量的知识。这些知识可以使教师不那么倾向于利用他们的权力将他们的思想和知识——其中大部分可能是文化知识——强加于家庭。

看到一个多样性明显存在的情况时，想象一个对学校或其他保育与教育项目感到陌生的移民家庭。当早期教育专业人员采用一种转型教育模式时，她不仅仅是在着手教家长儿童发展的知识或如何提高孩子的学业水平，还在尽其所能地了解他们是谁、他们想为孩子做什么。她解释了（如果必要的话，通过翻译）这个项目是如何运作的，她还询问了他们的期望。她询问了他们国家的学校和其他早期保育与教育项目的情况，以及它们与这里有何相同或不同之处。她的动机是要发现这个项目中哪里是适合的以及什么可能会引起他们的不适。她不会一口气地把这些都完成，而是慢慢地，随着时间的推移，边建立关系边进行。双方——家长和教师——都从他们大量的对话中获益，也了解了彼此。信任就这样建立了起来。

与家长进行如此多的交谈似乎是一种奢侈，但重要的是找到并创造与家长交谈的机会。

教师能做什么

- 努力与每个家庭建立关系。去了解他们。
- 从你见到家长和他们孩子的第一天起，就确定你想了解他们，包括他们对孩子的梦想以及他们如何实现这些梦想的想法。注意：慢慢来。提出你的目标，但在进一步向前之前，考虑他们的反应。他们是多疑的、缺乏安全感的，还是回复时犹豫的？一些家庭有很多被控制他们生活的权威人士质疑的经历。而你想要发展一种不同类型的关系，所以要小心不要问太多问题或让他们感觉自己像被审问过。
- 保持开放的心态。如果一个家庭告诉你他们想要一些你不同意的东西，在确定你理解他们之前，暂停判断。在文化或经济差异面前，很容易产生误解。
- 不要只问问题。还要观察，并评论你所看到的。有时候，问问题不如谈论什么打动了你效果好。
- 鼓励家长到教室或项目中进行观察，如果他们有时间并且觉得这样做很舒服的话。让他们对他们所看到的进行评论，并以开放的心态倾听。
- 意识到你自己的刻板印象，把它们和你的判断一起放到一边。让你的目标变成不带刻板印象地了解这个家庭。
- 注意家长说了什么或做了什么会让你感觉不适。意识到你自己的反应会给你一些线索，让你知道在哪些地方需要学习更多。
- 除了你的日常工作和与每个家庭的互动，你还可以制订一个更正式的家长教育计划，它包括以下内容：
  + 特别会议，讨论家长们都想深入了解的话题——确保为需要翻译的家庭配备翻译人员。
  + 探讨家长们感兴趣的问题的讨论小组。

- 家访，如果你的项目或学校允许这样做，而且家长对这个做法感到舒适。
- 与你一同进行观察和讨论的机会。
- 包含家长可以使用的信息的资源区域。

策略 26   **与家长围绕节日主题合作**

教师需要知道什么

许多幼儿教师喜欢在课程中加入传统的季节性庆祝活动。有些人甚至把节日课程作为主要课程，而不仅仅是辅助课程。随着人们对课程多样性认识的不断增长，一些教师开始质疑节日课程，因为节日课程未能顾及所有人。有些教师后来决定将其扩展到包括不同文化和宗教的节日课程。这一变化使得从 10 月到 12 月一直到次年 1 月都被节日填满了，教师们都在忙着挤时间过哥伦布日、万圣节、亡灵节、排灯节、感恩节、光明节、圣诞节、宽扎节和圣王节。哟！他们几乎没有休息，就到了马丁·路德·金纪念日、中国春节，然后是情人节。

节日课程的一个问题是关于政教分离的规定。增加节日课程多样性的一个问题是，即使把宗教排除在外，也很容易传递错误的信息。孩子们可能很了解有关节日的固有印象，而不了解真正的文化差异。另一个问题是，即使教师非常努力地试图包括所有文化，有一些节日也一定会被忽视。因为节日实在是太多了！对于极其多样的节日课程，目前，有些项目和学校非常普遍的反应是取消所有节日。

将节日纳入课程计划会引来很多问题，如：节日应该是特殊的日子还是仅仅是课程的一部分？哪一种方式让这个节日更有文化意义？当你与家长有不同意见时，该如何进行呢？

从积极的方面来看，庆祝节日是一种让家长参与其中、增进家庭和学校关系的方式。当父母和其他家庭成员来到教室里分享他们如何庆祝特殊的节日时，美好的事情就会发生。当教师考虑到孩子群体的年龄，了解孩子们的身份，最后以与儿童发展相适宜的、与儿童教育需求相关联的有意义的方式将节日纳入课程时，就可以帮助孩子们领会到节日的多样性并确认自己的身份。

教师能做什么

- 考虑孩子的年龄。孩子越小，节日的意义就越小，他们从中学到的也就越少。学龄儿童可以享受和欣赏他们生活中的一些干扰，并且比年龄小的儿童更容易从这些干扰中学到一些东西。例如，婴儿和学步儿在他们的日常计划保持某种程度上不变时会感到更安全，他们就会处于一种学习的模式。而节日庆祝活动会带来很大的干扰，尤其是当人们小题大做的时候。

- 课程如果包含节日，要明确目标。如果其中一个目标是开展反偏见的课程，那么学习和（或）经历各种各样的节日可以肯定一些孩子的文化身份，并帮助其他人理解那些不同于本民族的传统。

- 如果另一个目标是让家长以有意义的方式参与进来，节日或许能够促进这一目标的实现。然而，各种各样的节日庆祝活动可能会阻碍你与一些家长建立关系。了解你所在班级或小组内孩子们的家庭情况，在推进节日课程之前，先了解一下每个人对节日的感受。对那些不庆祝任何节日的家庭，或者那些不希望自己的孩子在家人庆祝的节日之外接触到其他节日的家庭，要保持警觉和尊重。

- 如果你计划的课程中包括节日，你需要决定是坚持班级或小组内的家长都提到的节日，还是介绍大家不太熟悉的节日。可能有很多具有多样性的选择，你不需要打破这种多样性。或者你

策略 26　与家长围绕节日主题合作

可能想引入一些孩子们不熟悉的新东西,尤其是那些被当地社区中的家庭拿来庆祝,但班级或项目中没有家庭会庆祝的节日。
- 把所有的节日活动和(或)课程与真实的人联系起来,而不是一概而论,不然会导致模式化。确保你获取的是准确的信息。

从我自己的经验来看,有位教师可能在 12 月的节日中犯了一个错误。我只能希望她对孩子们的家庭偏好有准确的了解。我记得有一年 12 月,我的一个儿子在教室里参加了一次数学活动。孩子们正在学习制图。那天,教师站在教室的前面,手里拿着一张从中间垂直分开的图表纸。纸张最上方写着"圣诞树"。接下来,教师问:"谁把圣诞树挂起来了?请举手。"纸上第一列的标签是"将圣诞树挂起"。在确保每个举起手的人都在那一栏内打了勾之后,教师问:"谁还没有把圣诞树挂起来?请举手。"然后,教师在第二列也做了相应的检查标记。当听说这个活动时,我不禁想知道那些不庆祝圣诞节的家庭的孩子在这个活动中有什么感受,他们做了什么。他们就一直不把手举起来吗?教师注意到了吗?她有没有数一数,看看是不是少了几只手?不管怎样,是不是有些孩子只是举起了手,即使这两个问题都与他们无关。显然,教师对班上孩子的宗教背景做了一些假设。有时候多样性并没有表现出来,但是在任何一个儿童群体和他们的家庭中总是存在着某种多样性。显然,这位教师忽略了这个概念。

这是另一个与年龄适宜性和节日庆祝有关的例子,是关于一个 3 岁孩子的班级在情人节发生的事情。教师安排了一个聚会,家长们也参加了,他们带来了零食,装饰了房间,并帮了忙。一切都很顺利,直到分发情人节礼物的时候,一些孩子拒绝把他们带来的礼物送出去。这变成了一个"分享"的问题,许多孩子都拒绝了。气氛变得不再融洽。教师认为情人节贺卡对 3 岁孩子不起作用,而且很明显这是不适宜幼儿发展的。在接下来的几年里,她保持了聚会的传统,但没有交换贺卡。

这件事情从另一个方面来看可能与文化多样性有关。如果有些家庭经济困难，那么教师设置的这种班上的每个孩子都要给其他孩子带一份情人节礼物的情境，就可能会给那些家庭带来困难。解决办法似乎是可以让孩子们在家里制作情人节礼物，但即使是纸、剪刀、胶水和蜡笔，也超出了一些家庭的承受能力。而且，可能有一些孩子会认为自制的情人节礼物比不上购买的礼物。

策略 27　探索家长在决策委员会和理事会中的作用

教师需要知道什么

在一些学校和项目中，家长在咨询委员会或理事会任职，有些人甚至是决策者。许多小学都有一个家长顾问团，为学校的决策提供意见。幼儿园还让家长参与到咨询服务中来。开端计划的模式是一个很杰出的例子，这种模式让各阶层的家长都参与其中，包括让家长们担任咨询者的角色，在某种程度上还可以让他们担任决策者的角色。当然，并不是所有的学校或项目都给予家长这种权力。对许多人来说，家庭委员会纯粹是咨询性质的，最终决定是由专业人员做出的。

让家长担任咨询者和决策者的角色意味着该项目更有可能以家庭希望的方式对多样性和儿童做出回应。当家长参与提供建议和制定决策时，社区的联系会变得更紧密，这同样可以帮助学校或项目更加意识到多样性。这个项目更有可能使这些家庭所生活的社区变得更稳定，并对他们的需求做出回应。这些角色可以帮助父母和其他家庭成员看到他们可以影响孩子的生活。当服务于社区时，他们的收获远不止是自己的孩子得到了发展，他们同时也发展和锻炼了自己的领导技能。

当家庭成员要求项目对他们想为孩子争取的东西感到敏感时，以个人身份不如他们担任委员会和理事会成员时更有话语权。项目中的教师和员工往往来自不同的文化或者他们的社会经济水平不如他们所服务的家庭。这些教师和工作人员自己可能不太有能力应用他们所知道和相信的东西以及他们在教师准备课程中所掌握的原则和实践。他们必须遵守的方针和（或）他们学到的原则和实践可能会使他们与其服务的家庭分离，双方的交流也可能会受阻。家长有意见时，通常都会单独来访，即使意见很大，最终也会进入下一个年级或项目。有了家长委员会和理事会，人们可以以不同的方式听到不同的意见，而且随着时间的推移，委员会所提供的回应既具备连续性，又具备灵活性。

家长委员会和理事会让教师、校长、园长、工作人员和照护者受益，因为他们在理解可能与自己不同的观点时，会拓宽自己的观点。当委员会或理事会运作良好时，专业人员可以获得在其他情况下可能没有的额外支持。

这个由家长和教师组成的顾问团在整个学年定期举行会议。这次会议的重点是拨出一些钱用于改善学校。

阳光谷学校
5月13日

5月12日阳光谷学校校务委员会会议记录。

出席者：莎朗·艾伦、拉汤亚·米勒、桑迪·史密斯、德娜·芒迪、萨奇·约翰逊、迪恩·埃姆斯以及胡安娜·戈麦斯。

主席戈麦斯于15:39宣布会议开始。

大会审读并通过了4月14日校务委员会会议记录。

米勒向区议会呈交了两份《地区学校改善总计划》，该计划概述了有关学校改善各个方面的规例。该地区已要求现场委员会就总体规划可能产生的变化提供意见。现场委员会成员被要求审查计划并提出适当的建议。

米勒指出，学校改善计划下一年的项目预算为14501美元（根据实时汇率，1美元约为6.874人民币），比今年的预算少约4000美元。她还指出，这个项目的未来仍然不确定。

在回顾了与学生行为有关的地区理念后，学校董事会讨论并拟定了一份阳光谷学校专用的纪律计划。该计划概述了学生、家长、教师和管理人员的职责范围。

米勒在4月的会议上分发了学校董事会编制的《全校环境构成》的复本。

会议于16:43结束。

院长艾姆斯，
秘书

鼓励所服务的家庭成员成为领导者,这将带来丰厚的回报。你必须对这些家庭有足够的了解,才能开始辨别他们的领导品质。但那些品质是什么呢?当你看到一个人时,你是如何知道他能成为领导者的?根据沙利文(2010)的研究,"领导者是那些以某种方式影响他人、鼓励他人取得更高或更好的成绩及个人发展的人。有效的领导者可能有权力、职位或地位,也可能没有。然而,他们有正气、尊严和对他人的尊重。在实现目标或创造变革的共同努力中,领导者授权、鼓励并支持他人……他们在需要行动的地方采取行动,而在需要他人发挥长处和能力时,他们也会使他人采取行动"(p.7)。

教师能做什么

- 帮助每个家庭了解项目、团队或学校是如何运作的,这样他们就比只关注自己和孩子与照护者、工作人员或教师之间的相处获得更多的经历。
- 关注你的态度(参见"策略7"——消除合作障碍)。对家长的观点持开放态度是与家长委员会和理事会合作的必要条件。
- 学会寻找领导者品质,即使是在害羞、安静的人身上。谁有远见?谁想做些事情?谁对别人有影响?谁能既独立又相互依赖地工作?这些品质可能不会轻易显现。你可能必须努力寻找他们,但你会得到丰厚的回报,因为你会越来越意识到家长中存在有领导潜力的人。
- 培养新的领导力。鼓励和支持这些潜在的领导者,为他们提供培训。开端计划以培养领导者而闻名——不仅在项目中,在社区中也是。一个常见的与开端计划有关的故事是,父母们在整个职业生涯中不断地成长,从一名家长志愿者开始,最终成为一名工作人员、教师,甚至担任园长或其他行政职位。

50 STRATEGIES FOR COMMUNICATING AND WORKING WITH DIVERSE FAMILIES

第五部分

交流

策略 28　创造交流环境

教师需要知道什么

环境影响人的行为、塑造人的思想、创造人的情感——无论是成人还是儿童。在图书馆、银行、健身房和礼拜场所中，我们的行为方式各不相同。环境为我们提供信息，并引导我们如何表现。成长的一部分就是学习如何阅读这些信息。早期教育专业人员意识到这一现象，并经常关注环境的设置，以便孩子们在那里获得应该如何表现的正确信息。在教室里设置图书角，其目的是让人安静下来、享受读书的乐趣，这个区域应该让人感觉舒服、舒适、放松并相对安静。图书角与婴儿中心的游戏空间要形成对比，游戏空间的目标是方便孩子进行物理探索，区域的设置是为了鼓励他们自由移动，而不是依偎在里面。

创建一个环境并邀请家长进入教室或中心可能并不容易，但如果可能的话，这是一个很有价值的目标。在任何项目中，入口处都可以传递出欢迎的信息。如果空间有限,这种信息则可能是一个简单的消息，例如公告板所显示的相关内容。最可能为家长们精心布置环境的地方是幼儿园或婴儿中心里供家长接送孩子的位置。有些项目配有小格间，家庭成员可以用来接收消息或通知。当然，一些舒适的椅子、一张桌子、一个衣帽架和一壶（儿童无法触及的）热气腾腾的咖啡是另一些对家长表示欢迎的配置。对于带着孩子的弟弟（妹妹）来接孩子的家长来说，一些现成的简单玩具或婴儿读物也很受欢迎。如果家长花时间在项目上，无论是作为观察者还是志愿者，另一个表示欢迎的标志是家长有一个可以安全地存储自己物品的地方。例如，在婴儿中心里，一种强烈的表示欢迎的方式是为母亲们提供哺乳的地方，这可以让母亲们感到放松和舒服。这里所传达的信息是，欢迎进来给宝宝喂奶。

除了缺乏空间或缺少提供成人家具的资金外，许多环境因素也不支持邀请家长。如果孩子乘坐公共汽车上学，家长们可能不会每天都来，除非为了入学手续、会谈、会议或开放日。上述这些活动的空间可能是功能性的，但通常不是非常温暖和表示欢迎的。这是常见的情况。希望这一条策略能让你超越思考环境"是什么样"，开始思考"可以是什么样"。在早期教育专业人员开阔视野、想象出比常规更好的空间之前，发生改变的希望不大。这本书的大部分内容都基于对变革的愿景和希望。

注：这一条策略与沟通的物理环境有关，因此更多的是关于6岁以下儿童的项目。幼儿园和学校通常在很多方面都有很大的不同，这里包括物理环境的不同。我们都知道，沟通也有电子环境，这些将在"策略30"和"策略31"中讨论。

教师能做什么

- 分析你现在所处的环境，想想它是如何影响你的行为、想法和感受的。
- 分析你最熟悉的早期教育环境，找出它可能给家长传递的信息。试着想象自己是一位把孩子带到教室里的家长。想想你如何布置环境来让自己感到受欢迎。
- 想想家长怎样能看到自己的家庭和其他家庭在物理环境中被体现了出来。考虑家庭照片、工艺品和家庭语言的标志。
- 帮助家长了解教室或中心里的教师和工作人员，在公告栏上贴上和孩子一起工作的人员的照片，并附上他们的名字、他们想

策略 28 创造交流环境

被称呼的名字以及一个简短的介绍。了解孩子的教室里有哪些人可以为家长带来安全感和熟悉感。

- 如果家长只是偶尔来，确保当他们来的时候能感到自己在所访问的空间里是受欢迎的。要思考一下空间的布置。
- 考虑入口通道。什么可以传递"欢迎、请进、别拘束"这样的信息？
- 考虑登记和接待的区域。家长觉得他们有归属感吗？什么标志可以告诉你其他家庭成员是受欢迎的？当孩子的家长注册或登记时，你是否为孩子们提供了玩具？可以提供轮椅吗？是否有关于项目类型的证明，比如装饰或产品是否以儿童为中心？区角设置考虑美学了吗？
- 考虑一下家具的摆放。在办公室里，来访者的椅子在校长或园长坐的桌子对面吗？尽管你可能无法提出这个建议，但即使是这样一个简单的布置，比如把椅子从桌子后面挪到来访者的椅子旁边，也能让正式的气氛变得更温暖、更友好。
- 能见到多少自然环境？有自然采光吗？有窗户可以看到外面的树木或植物吗？有能让家长感到舒适的户外区域吗？

策略 29　赋权给自己和他人

教师需要知道什么

赋权是什么意思？这取决于你对权力的定义。如果你把权力等同于控制和支配，那么赋予父母和家长权力是没有意义的。要考虑一个不同的定义，看看单词 power（权力）的起源，它来自拉丁语词根，意思是"能够"。从这个意义上看，它意味着有时被称为"个人权力"的东西。个人权力可以被定义为成为真正的自己的能力。社区大学教授因蒂萨尔·谢里夫（Intisar Shareef）将个人权力向前推进了一步，他认为个人权力是一种定义真实的自己并让他人接受的能力。她对权力的定义超越了个人的范畴，进入了人际关系的范畴，甚至进入了政治领域。我认为个人权力是人际关系和政治权力背后的东西。权力的所有这些方面都是重要的，不必与统治有任何关系。

密切观察两个人之间的互动；有时他们的肢体语言可以告诉你，其中一个人正在试图支配另一个人。下面就是一个这样互动的例子：一位家长在推开试图阻止他的秘书后，冲进了园长的办公室。他大步穿过房间，双手放在园长的桌子上。他俯下身，凑近她的脸说："我的孩子吃素，可你们的老师在喂她吃肉！"在等待回答时，他的脸上充满了愤怒。注意他的语言和非语言交流是如何使他处于优势地位的——就像现实生活中的狗打架一样，一只狗控制着另一只狗。这种人际互动是关乎输赢的。家长想要赢得这场战斗，根据园长的反应，他可能会恐吓她并认为自己是赢家。这可能是狗的天性，但不是人的天性——这是后天习得的。而后天习得的东西都可以被抛弃。赋予父母和其他家长权力是为了帮助他们发现和使用他们的个人权力和人际能力，并且避免使用支配和顺从的行为。

　　有些人喜欢争夺权力。两个同样擅长支配游戏的人可能会在整个互动的过程中交换位置，最终没有明显的赢家。即使一个人赢了，输的人可能也会很享受这个游戏，下次他们互动的时候还会继续玩下去。但另一些人不会为了地位而竞争，当他们和一个甚至有点霸道的人互动时，他们会立刻让自己顺从。让我们看一个例子，看看它是如何进展的。问题是一样的，但这次是不同的家长：在得知自己的素食孩子在儿童照护中心里得到了肉食后，一位母亲走进了办公室。她在秘书的桌子前停了下来，要求见园长。秘书说园长正在打电话，她必须在办公室外面的大厅里等，因为里面没有她能待的地方。这位母亲回到大厅，发现唯一的椅子是一把儿童椅。她坐在上面。15分钟后，她问了秘书，秘书为将她忘记了而道歉，并把她领进了园长的办公室。园长坐在一张相当大的桌子后面，正在看一些文件，这位母亲进来时他没有抬头。她默默地站着，把重心从一只脚挪到另一只脚。园长终于抬起头来，手里还拿着文件，低声问了句"有事吗？"。在这种情况下权力的把控者是园长。我们不知道这位母亲是顺从了还是被秘书和园长的行为逼到了这个角色。如果她通常扮演弱势群体的角色，那么在与她认为比自己弱的人（比如孩子）互动时，她可能会转换角色。

　　请注意这两个故事中关于性别的刻板印象——都是男性支配女性。作为一个有趣的练习，请尝试在这两个故事中切换性别，看看你是否能按照这样的方式来想象他们……你从中学到了什么吗？

教师能做什么

- 认识到支配他人不是天生的，而是后天习得的。此外，支配系统是受到社会体系支持的。这意味着并非每个人生来都有同样的机会在支配游戏中获胜。因种族、文化、性别、年龄、阶层、能力或性取向而被歧视的目标群体，比那些享受社会自动赋予他们特权的群体更难占据主导地位。并不是所有非目标群体中的人都玩支配游戏，但如果他们玩了，他们比目标群体中的人更容易获胜，特别是如果目标群体中的人已经内化了他们所受的压迫。当然，并非目标群体中的所有人都服从支配。许多人都是优秀的游戏玩家，但即使他们足够优秀并能够获胜，制度化的偏见也会确保他们永远无法与那些控制制度的人一起玩支配游戏。除非我们都能认识到支配体系是如何运作的，然后努力废除它，否则我们就无法充分有效地赋予儿童及其家庭权力。

- 专业人员能做的就是帮助家长利用他们的个人权力——每个人都有的那种权力。当个人的权力得到承认和滋养时，人们就能展示出真正的自我。他们不需要支配别人，他们可以通过内化的压迫（当压迫者的信息从内部引导这个人时）抵抗被置于顺从的位置。
- 帮助家庭成员"找到他们的心声"，这是人们表达个人权力的方式。
- 赋予自己权力。你首先要意识到你是如何通过自卫来应对感知到的威胁的。如果在上面的故事中，园长对专横的父亲的反应是正面迎战或者竖起保护盾，那么结果就是沟通不畅。相反，如果她把自己的个人权力运用到这种情况中，她就可以以真实的自我做出回应，做出非防御性的反应，这或许会让父亲感到惊讶，让他改变自己专横的立场。
- 沟通专家莎伦·埃利森（Sharon Ellison）在《把战争从我们的语言中带走：强大的非防御性沟通艺术》(*Taking the War out of Our Words : the Art of Powerful Nondefensive Communication*,

2009）一书中，对如何应对以支配形式出现的权力提出了许多建议。她列举了很多策略，包括识别防御性的情绪并后退一步、收集信息使事情变得更清楚、个人表现出正直和激情以及设置非防御性的限制。很少有人会自然而然地采用这些方法，因此埃利森敦促读者和学员将这些策略视为需要学习和实践的技能。

策略 30　通过文字进行交流

教师需要知道什么

教师应尽一切可能与家长进行沟通。文字是传递信息的主要方式之一。纵观早期教育的历史，教师与家庭之间一直是通过文字进行交流的。

虽然还不是普遍的，但电子通信已成为许多家庭的主要通讯方式。便条、表达关心的消息、预约的请求、时事通讯、文章，以及大多数以前写在纸上带回家的东西，现在都可以电子化了。这在合作式的托育项目中特别有用，因为这种交流及时、直接；如果孩子和家长住在同一栋楼里，这种沟通也特别有用。要体谅过多的信息涌入家庭——这是一个技术问题。过去的问题是没有足够的沟通，现在，发送带有附件的电子邮件是如此容易，以至于有时做得过头了。

不理解正在发生的事情时，保持警觉很重要。有一次，我参加了一个关于双语教育的讲座。演讲者用一种没有听众听得懂的语言开始演讲。他滔滔不绝地讲了 10 分钟，但听起来像讲了半个小时。听众立刻迷迷糊糊地睡去，不再注意听讲了。最后他换成了英语问我们："你们当中有多少人认为我说的话很重要？"没有人举手。他接着说："你认为如果知道这件事对你很重要，我本应该找到一种方法来让你知道，对吧？"我们点头表示同意。"你刚刚体验了一个不会说英语的移民家庭会经历的状况。"那次讲座使我想起了我幼儿园班里一位孩子的母亲。

策略 30　通过文字进行交流

这封信会在开学的第一个星期寄给家长。它的目的是为他们简要地介绍教室，帮他们在孩子返校的那天晚上渡过难关。

一年级

里芙女士

蒙特·维斯塔学校

一年级是令人兴奋的一年，因为孩子们会难以置信地扩展他们的学习，发挥他们的能力并发展独立性。我对所有孩子的目标是：

- 通过评估一些有挑战性但并不会令孩子们泄气的、适当的活动来支持他们的学习；
- 鼓励孩子们发现自己的长处，这样他们就可以为自己的成功感到自豪；
- 帮助孩子寻找策略，成为积极主动的学习者。

这是一个"我能做"的教室。一年级的学生可以做很多事情！

行为：

生活技能教会孩子们负责任的行为。我们的教室将使用<u>生活技能</u>、<u>"我的信息"</u>、<u>和平桌</u>和班级会议，以确保学生拥有成功行为所需的所有知识。

没有人是完美的。在可怕、并不乐观、非常糟糕的日子里，任何人都可能需要一些"出局"的空间。我们班管它叫"澳大利亚"。悲伤、生气的孩子可以在那里安静地待上几分钟，重新组织学习。

对于同伴之间的问题，和平桌是一个在不打扰他人的情况下发送和接收"我的信息"的地方。

重复的、干扰学习的破坏性行为有可能发生。

孩子们会把一张写着"生活技能"的家庭作业便条带回家。请讨论问题，提出一些策略或解决方案，签字后带回。

我相信随着时间的推移，你们会有问题和顾虑。出现任何问题，请及时沟通。提出问题、分享想法、提供帮助。以下是联系我的方法：

- 您可以在档案夹中放一张便条。
- 家庭阅读时，在"月亮桌"上留下一张便条。
- 学校联系电话：792-4531。
- 如果无法等到第二天，请在晚上9点之前打电话到我家里：578-8052。
- 给我发电子邮件：kritz414@sbcglobal.net。

让我们开启美好的一年吧！

有一次她告诉我,在她学习读英语之前,生活很容易。她有好几个孩子在上学,他们定期把笔记带回家。她会把它们扔掉。她说,她觉得如果上面说了什么重要的事情,就会有人告诉她。有一次她试着读了英语,她惊讶地发现因为她把所有的笔记都扔掉了,她错过了多少,以及她的孩子们遭受了多少苦难。

教师能做什么

- 让我们从多样性开始。要认识到并不是所有的家长都有读写能力。这些家长需要通过电话或面对面地进行语言交流。而且,并不是所有的家长都说英语,更不用说读写了,所以任何与他们的沟通都需要用他们的母语。
- 在可能的情况下,应该每天与家长沟通每个孩子的情况。
- 使用电子通信工具,电子邮件就是其中之一。另一个是学校或中心与家庭之间的包含所有信息的网站。博客和其他社交媒体也可能很有用。但是不要只使用电子途径。虽然大多数没有计算机的人可以在当地的公共图书馆里使用它,但仍有一些人无法使用电子通信设备。一定要用其他方式联系那些没有计算机或不经常使用电子设备的家庭。
- 使用个人笔记来沟通各类事件。如果你不想发电子邮件,不需要很长时间就能在一张纸上写下一个简短的笔记,并让孩子带回家。关于笔记的主题可以是对儿童及其说过或做过的事情的积极评价,以及你对他(她)为另一个儿童或班级所做贡献的赞赏。当然,针对他(她)的付出行为给家长写感谢信不仅是一种社交礼节,也是让家长了解他们被赞赏的一种途径。
- "快乐标签"是一种简单易用的商业便条,可以把关于孩子的好消息发送回家。通常,他们有笑脸和填补空白的空间。你也可以手工制作——不需要购买。对于那些习惯了回家后收到关于

策略 30 通过文字进行交流

孩子不良行为的消息而不是好消息的家庭来说,这是一个真正的奖励。

- 对一些家庭来说,快乐标签的反义词可能是评估报告。对于学前班和小学的孩子来说,它可以是成绩单或测试结果的形式。当然,对于任何评估结果最好是与家长当面讨论,而不是通过电子邮件或纸张发送回家。但现实情况是,这样的事情确实会发生。
- 通过时事通讯与家长沟通。时事通讯帮助家长了解教室里正在发生的事情。它们可以是手写的,也可以是电子的。了解最近的主题、活动和事件有助于家长们与孩子们谈论他们的经历。时事通讯还可以让家长们相互了解,特别是当它们包含与家庭有关的新闻事件时。时事通讯也可以帮助家长了解各种活动的目的,并为在家庭中开展源自课堂的主题和活动提供思路。时事通讯还可以征求家长的意见,从而成为双向沟通的工具。
- 公告栏是另一种通过书写进行交流的方式。一些与教师或工作人员互动不多的家长可能会使用公告栏作为重要的信息来源。以下是一些有效使用公告栏的方法:
  + 把公告栏放在显眼的地方,让家长可以清楚地看到或接触到。
  + 在公告栏上贴上标签,让家长知道这是留给他们的。让公告栏有吸引力,并持续更新。如果公告栏看起来总是一个样子,家长就不会再看它了。
  + 公告栏上的内容应对在读学生家长具体感兴趣的问题做出回应。
  + 公告栏可以包括面团的使用方法、选择书籍或玩具的指导原则、关于即将组织的活动的通知和社区资源列表等。
  + 家长感兴趣的相关文章是有用的。如果文章很短,可以直接发布。如果文章比较长,应该提供副本给家长带回家。
- 有些项目有每日公告——通常是手写在白板上——让接孩子的

家长了解当天发生的大事件。这个公告比时事通讯更及时，比公告栏上的条目更显眼。这种设置可以为家长与孩子的交谈提供开端。提出"你今天做了什么？"的问题，有时候得到的回答是"什么也没做"。通常，提及一些具体的事情（比如"你今天做的玉米饼怎么样？"）会更有效。

- 考虑使用双向日志。这种书写方式在婴幼儿项目中尤其有效。在这些项目中，为了满足孩子的需求，日常的双向交流至关重要。工作人员白天使用双向日志记录护理事件和细节，从孩子的进食量到尿布的内容和变化均在记录之列。当然，其中也可以包括其他感兴趣的项目。在一天结束的时候，日志可以由家长带回家，记录照护者第二天需要知道的信息——宝宝的睡眠状况、进食情况以及日常生活中任何明显的差异。情绪变化可以作为疾病发作的指标，也应该被记录。

- 有些项目有家庭图书馆和可供借阅的书籍、文章。在理想的情况下，每个教室都应该有一个家长中心——家长可以在那里使用计算机、学校或中心的信息和资源。

- 一些项目会从社区资源中收集小册子，并提供给家庭。

- 发挥你的创造力，让孩子们参与到你和其家长的交流中来。以我孙子的一个老师在幼儿园里使用的一种方法为例，它涉及了一只旅行的泰迪熊，还有一本日记，这本日记记录了它在每个家庭中的历险。熊和日记被装在一个背包里，每个周末跟不同的孩子回家。这个办法是让家长给孩子读日记中已有的内容，并帮助他（她）写上增加的日记条目，这些条目可以由孩子口述，也可以由家长撰写。

策略 30　通过文字进行交流

这种沟通的目的是让家长参与到孩子在学校里需要掌握的特定技能的学习中来。

> 致_____的家长，
> 　　您的孩子需要_____方面的额外练习。
> 　　请花些时间和孩子一起学习这项技能。当前的一点关注会在以后产生很大的影响。
> 　　谢谢！
> 　　　　　　　　　　　　姬蒂·里茨

策略 31　与家长保持对话

教师需要知道什么

对于早期教育专业人员来说，找时间与家长交谈并不是一件容易的事，即使是那些学龄前儿童服务项目中的工作人员也是如此，而对那些在学校里工作的人来说就更难了。当孩子们坐公共汽车来上学，或自己步行到学校时，教师甚至可能看不到他们的家长。事实上，教师和家庭成员之间进行私人对话几乎是不可能的，但是电子对话可以代替。重视与家庭成员沟通的教师，会比没有意识到教师与家庭成员沟通重要性的教师，更加努力地找到沟通的方法。

在那些学前教育项目中，父母或其他家庭成员会带着孩子来上学或来接他们，所以教师和家庭成员之间连续的面对面的交谈比较容易。这意味着他们可以见面，但这通常是每个人都很忙的时候。如果家长很忙，或者在一天结束后回来很累，聊天可能会很困难。即便如此，教师和照护者也不应坐等最佳时机。

日常对话是了解彼此的重要方式。在许多项目中，家长参与的主要形式是交谈，交谈起到了让家长参与项目的重要作用。这可能是交流儿童和家庭相关问题的时机。

并不是在所有的学校里每天都能见到家长，但有些学校的规定是，家长必须带孩子去教室，以确保教师和家长之间的日常联系。当家长不来学校或参与项目时，电子通信和电话交谈可以作为面对面交谈的

策略 31　与家长保持对话

补充。用这些交谈内容来询问缺席的情况，或者分享一个关于孩子的个人观察或逸事记录。虽然在工作时间接听家长的电话或回复电子邮件可能比较困难，但可以让他们知道什么时候打电话最适宜，让他们有机会开始交谈。有些教师会定期打电话给家长，让他们知道具体的时间——午睡时间是照护中心和全日制幼儿园中的教师最倾向于选择的时间。

家访是教师和家庭互相交流的绝佳方式。在他们自己的地盘上访问他们可以与其建立更好的关系。一些项目将家访纳入其中。在工作环境中与家庭成员会面是另一种更好地了解和交换信息的方式。这并不会对每个人都起作用，但是当它可以起作用时，它可能是一个真正的意外收获。

教师能做什么

- 每次见到家长时都要叫他们的名字并和他们打招呼，而且特别要记住和他们道别。如果你能在问候后或道别前挤出时间与家长交谈，他们会觉得更有价值。这就是发展关系的一种方式。
- 无论何时你和家长谈话或以其他方式交流，都要对他们的孩子做出一些积极的评价。
- 如果孩子在场，让他（她）参与交谈。把孩子当作不存在的人来交谈是不礼貌的。
- 专业人员的态度会传达出这样的信息：是否可以开展对话，还是说这只是一次短暂的接触。当家长来的时候，尽量让自己别那么忙。当你要为一群孩子负责时，这并不容易，但这是值得做的。
- 如果你在与人打招呼和道别之外还有其他问题，那就想办法解决。让自己变得平易近人，即使这并不容易。这里有一些方法可以帮你做到这一点：

- ✦ 建议家长来参观或观察,然后抽时间和他们交谈。
  - ✦ 如果可能的话,将到达和离开的时间错开,这样每个人就不会同时到达和离开。
  - ✦ 家长在的时候多安排一个工作人员。
- 虽然有些教师把自己的私人生活和职业生活分开了,但是另一些与中心、家庭托儿所或学校的孩子的家长住在同一个社区的教师会在碰到他们时,花时间与其交谈。
- 如果项目允许、家长也接受的话,可以考虑家访。
- 以单独的或集体的方式安排与家长的会面。
- 对联系过的家长进行记录有助于专业人员发现他们是否忽视了一些家庭。

这里有一个故事:一个孤独的爷爷来接他的孙女,但迟迟不肯离开。家庭托儿所的工作人员不得不请他挪到门口,这样她才能继续工作。有一天,他谈到了家庭托儿所房间里的钢琴。她问他是否会弹琴,他回答说弹过。她便邀请他为孩子们弹琴。在那之后,他会定期来,为孩子们弹半个小时。最后,他开始给一些孩子上课。大家对这个安排都很满意。

策略 32　着眼于跨文化的非语言交流

教师需要知道什么

非语言行为就像一种密码，人们可以理解却无法谈论。它的意义不仅来自语言本身，还与姿势、动作、面部表情、眼神、手势以及我们站得远近有关。我们必然能够接收到单独的或与文字一起发送的无声信息。我们每天都能有效地阅读这些信息，除非我们遇到一个有着不同的非语言交流系统的人。这就可能产生误解。

例如，当来自墨西哥的人看到一个英国人用手掌朝下的方式解释一个孩子的身高时，就会产生误解。虽然这个手势在美国很容易理解，但是墨西哥人可能会觉得很奇怪，因为这个手势只用于测量物体。测量人的时候，食指要指向适当的高度。这可能不是什么大问题，墨西哥人可能会一笑了之。然而，接收到的消息与原本打算传递的并不同。

一个更大的问题是，当教师摸孩子的头时，家长会担心这个手势偷走了孩子的灵魂。一些东南亚人认为把手放在头上的意义很深远。对其他人来说，摸别人的头是一种爱的象征，是他们对孩子表达爱或安慰的一种方式。然而，这些人中的大多数人都不会去碰高于自己肩膀的成人，也根本不会去碰美国的总统，除非总统主动跟人握手。有关触摸的规则受地位和权力问题的制约，并与尊重有关。我们如何、何时、何地以及为什么彼此接触是文化问题。没有人解释规则，但我们学习规则。文化学习很微妙，而且很早就开始了。

不同文化的触摸方式有很大的不同。当一种文化中的触摸方式在另一种文化中被认为是不合适的、与性有关的或彻头彻尾的虐待时，就会出现大问题。在美国，我们有禁止虐待的法律，如果他们的本意被误解的话，跨文化触摸的模式可能会让人们被捕。

触摸只是文化差异的一个例子，这种文化差异影响沟通。个人空间是另一个例子。我们站得多近或坐得多近，以及我们的呼吸是否会吹到与我们谈话的人，都具有文化意义。当来自"远距离文化"的人向后退时，来自"亲密文化"的人会感到她被排斥了。后退的人可能感到拥挤，觉得这种经历尴尬或被冒犯了，甚至感到害怕。如果她生气了，她可能会忍不住说："从我面前消失！"然而，那些以友好的名义走得太近的人可能会觉得后退的人要么古怪，要么冷漠无情。每个人都会以一种不同于预期的方式解读来自他人的信息。

眼神交流是文化差异的另一个例子。我们从婴儿时期就开始学习眼神交流模式。例如，在婴儿经常被背在母亲背上的文化中，亲密关系并不一定是通过眼睛对眼睛的凝视来表达的。在美国，一种常见的眼神接触模式是听者直视说话者，说话者凝视听者的眼睛，但偶尔也会把目光移开。具有这种模式的人与具有不同眼神接触模式的人交谈时可能会感到不舒服。他甚至会认为那些不看他的听众是狡诈、不诚实或无礼的。当学生与教师的眼神交流模式不匹配时，我们会听到教师说这句话——"当我和你说话的时候，看着我"。当别人与他谈话时，如果听者表达尊重的方式是眼睛一直向下看或者看着别处，那么说话者对这种眼神交流模式的反应可能会让他感到困惑。

"不要盯着看！"是对孩子们的文化要求，但这并不是普遍的禁忌。在某些文化中，盯着别人看不仅是礼貌，还是一种期待。当没有人盯着他看时，"凝视文化"中的一员会感到被排斥。而在其他文化中，凝视不仅是不礼貌的，还被认为是非常危险的。

教师能做什么

- 有意识地关注非语言行为。尽管你可能已经习惯解读来自姿势、动作、面部表情、眼神、手势和相对距离的信息,但要意识到,在不同的文化中,这些行为不一定意味着相同的东西。在语言及其意义的层次下寻找交流出现的问题,这样做是为了以他们倾向于表达的方式来扩展你接收无声信息的能力。
- 认识自己的非语言行为模式。我们中的大多数人在遇到与自己行为模式不匹配的人时才会意识到这些,即使你自己的非语言行为模式可能正确、正常或良好,但这并不意味着这种语言模式在任何方面都优于别人的模式。
- 认识到学习非语言交流的不成文的文化规则需要时间和耐心。最好的方法是让自己意识到差异,并阅读来自表现出差异的父母或家庭成员的反馈。如果你在试图交流时感到不舒服,可以尝试不同的方法。你可以询问。你可能需要发展人类学家所具有的技能来进行观察和提问,但这些技能会对你很有帮助。
- 有时你可以谈论细微的行为差异,但要在不引起进一步不适或防御的情况下把它们表达出来,这需要敏感性。同与你谈话的父母或家庭成员建立关系可以帮助你把问题提出来,从而让这些问题更容易讨论。
- 不要因为你了解一个人的文化就期望你能预测他(她)的行为。很少有文化模式是僵化的或适用于一种文化中的所有成员。此外,当接触到新的模式时,他们的文化模式也会发生变化。
- 要认识到,在一个文化中,肢体语言可能会因年龄、地位和性别的不同而不同。
- 爱德华·T. 霍尔(Edward T. Hall)所著的《无声的语言》(*The Silent Language*)可能会让你在非语言行为的研究上走得更远。书的封面上写着:"口语只是交流的一种方式。一位著名的人类学家揭示了人们如何在不使用语言的情况下相互'交谈'。"

50 STRATEGIES FOR COMMUNICATING AND WORKING WITH DIVERSE FAMILIES

第六部分

碰面与会议

策略 33　第一次与家长见面

教师需要知道什么

当家长第一次见到教师、供养者、主管或照护者时，他们就为关系的建立奠定了基础。见面因家长是选择当地的社区公立学校，还是选择项目或家庭托儿所而有所不同。有时别无选择，家长只是很高兴自己的孩子被唯一符合条件的项目录取。

第一次与家长见面有时涉及大量的信息和书面工作。除了常用的地址、电话号码和一般信息外，可能还有健康史表格、紧急联系表格和其他与注册相关的表格。对于像开端计划这样的项目，可能会有与家庭收入水平相关的表格，工作人员需要报告任何可疑的虐待儿童的行为，并在表格上签字确认。第一次见面可能涉及教师，也可能不涉及。如果把重点放在人际关系上，那么这些书面工作将成为一个不幸的开端。

第一次见面可能是与所有正在为子女登记的家长进行的集体碰面。希望这个小组是由在同一个班级范围内，而不是学校范围内的家庭组成；会面是在教室里而不是多功能的房间内进行。如果填写表格和收集信息的工作在登记时完成，那么这就是一个相互了解的会面——家长不仅可以熟悉教师（们）和教室，也可以熟悉其他的家长。帮助家长们互相了解对每个人来说都是一个很大的意外收获！

在一些项目中，教师第一次与家长见面可能是在对方的家里。长期以来，家访一直是儿童早期教育项目中很有价值的一部分，不仅是在项目开始时，而且贯穿全年。教师进行家访有许多障碍，但如果能克服这些障碍，家访也会有许多好处。一些好处是在家庭的背景下看待孩子，并更好地了解这个孩子是谁。家访可以提供有关孩子兴趣、技能和学习方式的信息。教师在家长的地盘上与其见面可以巩固双方的关系，并帮助教师了解家长和孩子在家里是如何互动的。此外，教师可以与从未来过学校或中心的家长见面，使其了解他们需要为项目提供的资源。

当家长和专业人员可以在一起交流和分享信息时，他们就有了一个很好的开端。当然，让家长填写一份表格，并让他们解释孩子的特殊需求、表达方式和其他重要信息，是很有用的。家长们通常也会对这个项目的书面信息心存感谢，尽管他们可能更喜欢将其带回家阅读。

这是一个相当简单、直接的表格，它提供了家庭和孩子的基本信息，并邀请家长在教室里做志愿者。它还提供了在家里为课堂做准备的选择。注意：表格要求填写"家长（们）姓名"，而不是母亲和父亲的姓名，这使得它适用于单亲家庭，也适用于家长性别相同的家庭。

家庭 / 学校联系

儿童姓名＿＿＿＿＿＿＿＿＿＿　　生日＿＿＿＿＿＿＿＿＿＿
家长（们）姓名＿＿＿＿＿＿＿＿＿＿＿＿＿＿＿＿＿＿
兄弟姐妹（姓名和年龄）＿＿＿＿＿＿＿＿＿＿＿＿＿＿＿

地址＿＿＿＿＿＿＿＿＿＿＿＿＿＿＿＿＿＿＿＿＿＿＿＿
家庭电话＿＿＿＿＿＿＿＿＿＿　办公电话＿＿＿＿＿＿＿＿＿
宠物（种类 / 名称）＿＿＿＿＿＿＿＿＿＿＿＿＿＿＿＿
爱好 / 兴趣＿＿＿＿＿＿＿＿＿＿＿＿＿＿＿＿＿＿＿＿＿

您希望您的孩子学会写：
最希望的：＿＿＿＿＿＿＿＿＿　最不希望的：＿＿＿＿＿＿＿＿
您想告诉教师的关于您的孩子的一些事情：（如果有必要，可以用背面）
＿＿＿＿＿＿＿＿＿＿＿＿＿＿＿＿＿＿＿＿＿＿＿＿＿＿＿＿
＿＿＿＿＿＿＿＿＿＿＿＿＿＿＿＿＿＿＿＿＿＿＿＿＿＿＿＿
＿＿＿＿＿＿＿＿＿＿＿＿＿＿＿＿＿＿＿＿＿＿＿＿＿＿＿＿

您对在教室里做志愿者感兴趣吗？＿＿＿＿＿＿＿
可用时间：M＿＿＿　T＿＿＿　W＿＿＿　T＿＿＿　F＿＿＿
您对在家里为课堂做准备感兴趣吗？＿＿＿＿＿＿＿

策略 33　第一次与家长见面

针对 5 岁以下儿童的项目有时会有家长手册，其中包含家长需要的信息。这份家长手册的目录来自一家儿童发展中心，它包含了很多家庭都希望能以书面形式获得的大量细节。

```
目　录

目录·····················································1
概述·····················································2
　　课程目标···········································2
　　注册优先···········································4
　　家长的责任········································4
　　被中心开除········································5
　　改变招生计划·····································5
　　额外的学习时间··································5
　　费用··················································6
　　期末考试周········································6
日常指导方针·······································6
　　带孩子来上学·····································6
　　带孩子离开········································7
　　穿着··················································7
　　尿布··················································8
每日计划··············································9
　　婴幼儿（5 个月—2 岁）·····················9
　　北中心——房间 1 和 2（2—3.5 岁）···10
　　南中心（3.5—6 岁）·························10
　　指导和纪律······································11
健康和安全··········································11
　　当一个孩子病得无法上学时···············11
　　受伤················································12
　　停车场安全······································14
　　食物和营养······································14
　　菜单················································15
　　食物过敏··········································15
　　其他过敏··········································15
　　虐待儿童··········································15
```

当然，如果这些家庭说的不是英语，应该对所有的文件都进行翻译，也应该有人在会面时负责进行口译。如果会面被设计得舒适、放松而不压抑，就是一个比较好的开始。此外，为每个家庭单独安排一次会面会为一段关系的开始创造一个好的时机。

教师能做什么

- 要立刻了解家长希望如何被称呼，以及他们想让你怎么称呼他们的孩子。学会正确发音。告诉他们你的名字。注意名称和头衔使用上的文化差异。有些家长可能对直呼你的名字感到不舒服，而让他们的孩子这样做会令他们更不舒服。有些家长可能希望他们的孩子叫你"老师"而不是你的名字，这对你来说可能不舒服，但对他们来说是尊重你的地位的适当表现。

- 如果这是一个幼儿园或学前班的班级，请讨论孩子在开始这个项目时可能会遇到的分离问题。当然，年龄较大的孩子也可能会出现分离的问题，尤其是当他们刚入学时。与家长分享想法，并倾听他们的想法，从而了解如何帮助孩子应对分离。

- 对于最年幼的孩子来说，第一次在自己家里见面可以让他们在自己的地盘上认识生活中的陌生的成人。这在大多数情况下是困难的，但当它起作用时，孩子和家庭都会受益匪浅。

- 如果可能的话，在孩子真正加入之前，邀请孩子和他的家人来参观这个项目。这种正式加入前的参观可以让家长在观看教师与孩子的互动以及了解项目运作过程时放松心情。这也可以在一定程度上缓解孩子们的焦虑。

- 如果孩子们都很小，而且都是在同一时间开始这个项目，那么与所有人在第一天同时到达并参与项目相比，让他们交错地进入这个项目会使其获得更多成人的关注。

- 理想情况下，前几天孩子参与项目的时间应该比较短。虽然这并不总是可行，但它值得考虑。

- 虽然有些项目规定家长在孩子最初适应环境时不能待在教室里，但有一个不同的规定是有好处的。当家长让他们的孩子轻松地进入一个项目，并一开始就在那里时，这不仅为欢迎家长和家长的参与奠定了基础，而且也让孩子更容易过渡。

- 要认识到，有些家长在与孩子分离时情绪表现激动是很自然的。要理解这些家长，不要认为他们太依恋他人或保护欲太强。家长的情感可能是复杂而强烈的。他们可能会对离开自己的孩子感到矛盾，担心孩子的安全和项目的护理质量，担心自己的孩子依恋上别人。
- 对于那些在此之前从未与孩子分开的家长来说，了解孩子们的一些常见行为可能会对他们有所帮助。当公开讨论这个话题时，可以让家长放心——早期教育专业人员不是在评判他们或他们的孩子。幼儿分离行为可能包括：
  + 哭泣、黏人、抗议。
  + 依赖感增加。
  + 饮食困难。
  + 害怕睡觉。
  + 出现倒退行为——回到他们生命的早期阶段，比如尿裤子或吸吮大拇指。
  + 出现消极行为，好像他们不是很"在状态"。

策略 34　考虑日常碰面

教师需要知道什么

许多类型的家长会都可以在早期保育与教育项目中进行。当然，也有特定类型的会议，比如研讨会。第一次与家长会面是另一种特殊的方式。这一条策略与一般的会议有关，它们包括家长讨论小组会议、非正式的支持小组会议、计划筹款的会议、计划户外教学的会议、委员会或理事会会议、阅读和学习小组会议，以及你能想到的任何其他类型的会议。有时家长们经常聚在一起做手工、聊天。

如果会议是围绕家庭认为他们需要什么而不是围绕教师认为家庭需要什么来安排的，那么会议就会更有效。当父母和其他家长有机会表达他们想要的东西和分享他们的兴趣时，他们可能更倾向于参加会议。最好是由家庭选择并主导会议议程。

如果有些会议被设计成"家长教育"，要确保形式是交互式的，而不是从某个专家那里传递信息。尽管讲座对一些家长来说可能很有趣，但要承认，听众中也有专业人士。以忽视家长能力的方式传递信息，会导致工作人员和家庭之间关系疏远，并偏离合作关系。

教师能做什么

- 在开始策划会议之前，做一些非正式的"人类学研究"。问问来自不同文化背景的人，什么样的会议对他们有吸引力。从过去

策略 34 考虑日常碰面

他们参加过的会议中找出让他们烦恼的地方。询问其他有经验的教师对于在会议中融入多样性的想法。试着做到学以致用。

- 考虑会议的规模和形式，以满足家长的需求，并提供一个彼此交谈的机会。小组可以创造亲密感、团体感和会议的归属感。班级或中心的会议比整个学校的会议更有效。
- 选择一个合适的开会时间。获得家庭关于最佳开会日期和时间的建议。一些家长觉得下班后来吃晚饭，然后再开会很有吸引力；其他在附近工作的家长可以在午餐时间开"自带午饭"的会议。
- 如有需要，要提供儿童照护。
- 明确会议的目的。如果合适的话，事先给这些家庭一份议程表。在表上留点空间，这样你就可以在会议之前或会议期间得到他们的意见。如果有与会议目的相关的合适的书面材料或其他信息，也应事先分发。
- 考虑让孩子们为会议制作请帖、装饰品或点心。
- 试着营造一种温暖友好的氛围，让人们有分享的感觉。
- 如果家长彼此不认识，就用姓名标签。
- 用破冰法帮助参与者互相了解。积极的活动可以帮助参与者感到舒适和放松，从而为互动创造良好的氛围，并为会议奠定基础。
- 策划会议并鼓励参与者之间的互动。讨论比讲课更有效。
- 如果需要的话，请带翻译过来，这样大家都能听懂。当然，你也可以要求家长自带翻译，所有事先分发的书面材料和在会议上分发的材料都应该翻译成班上的家庭所涉及的语言。
- 考虑一下你在会议中的角色。如果你能成为一个促进者而不是负责人，参与者就更有可能相互交流。作为一个促进者，你的角色可以是提供一些架构，并确保每个人都能发言。

- 不要认为你是唯一策划和推动会议的人。让这些家庭成立委员会来接管这项工作，或者与他们分担责任。
- 家长会的破冰活动包括：
  + 玩"命名游戏"。使用一个重量轻的球或一个软的、可投掷的物体。说出参与者的名字，然后把球抛给他（她）。告诉那个参与者做同样的事情，直到所有的参与者都被大声地点到名。
  + 让参与者和他们不认识的人配对，给他们几分钟时间来认识自己的伙伴。然后，让他们互相介绍。

日期_____ 亲爱的_____， 　　我真心希望您到28号教室来看看_____。请在星期二上午来，请在7:45—8:15选择时间_____。 　　　　　　爱您的，_____	亲爱的_____， 我想让您参加28号教室的"开放日"活动。 班级将于_____点至_____点开放。 我想让您看到_____ 我想您会喜欢看到_____ 有一件事我想讲给您听_____ _____

这是两种版本的开放日邀请。

策略 35　　举行会议

教师需要知道什么

会议是为交换信息和计划而设计的一种有组织的情境。它比专业人员和家长之间经常进行的那种对话更为正式。会议应该是自由交流信息、探讨问题和沟通想法的时机。会议的一个目标应该是进一步促进关系的发展，因为如果处理得当，这就是一个发展关系的机会。

同与家长进行随意的对话相比，持续举行会议有很多令人信服的理由。随意的对话经常会有观众，他们可能会被打断。定期谈话可以让双方每天或每周都了解儿童学习和发展的各个方面，但他们可能无法全面了解情况。会议是集中精力于一个私密而舒适的环境中。如果有足够的时间，大家可以讨论问题和疑虑，并消除误解。会议有利于提供细节以及学习和发展的愿景，并且有可能让大家在相互分享时增长知识。会议是探讨目标和计划的机会，也尽可能地确保项目的目标和计划与家庭的相一致。

尽管"进展报告"这个词在一些初等教育项目中仅仅意味着坏消息或不可接受的行为，但是召开会议不应该仅仅讨论这些。如果家长没有任何积极的经验来应对，他们就会开始害怕参加会议。通常，开始会议前你要先描述孩子的优点。然后，如果你有顾虑，确保你已经记录了一些细节，并可以客观地向家长报告。听听家长是怎么评价这些优点和顾虑的。他们可能与你意见不一，因为他们与你经验不同。

那没关系。

教师能做什么

- 了解家长对会议的感受和期望。他们本人关于学校、教师和成绩方面的童年经历,可能会在家长会期间引发不愉快的回忆。会议会为他们带来希望,也会带来恐惧。
- 明确会议目的,着手准备会议。如果会议的目的是分享孩子的学习和发展情况,那么请提前计划如何达到这一目标。举一些从上次会议以来,孩子发生变化的具体例子。展示孩子工作和游戏时的例子(如果可能的话,包括照片或视频短片)以及故事和逸事。确保这些包括儿童在社会性和情感,以及身体和认知方面的进步。收集一些表现儿童在社会性—情感方面进步的实际事件的记录。用讲故事的方式来展示孩子的进步。
- 当家长第一次来参与项目时,教师需要对会议进行解释。如果有家长手册,它应该包括关于会议的书面材料,这样,在被要求参加会议时,家长就不会觉得有什么不妥。
- 规划会议时间,以便所有的家庭都能来。时间选择是很重要的。如果会议只在白天举行,一些家长可能会被排除在外;如果只在夜间举行,其他人就可能会被排除在外。理想情况下,日程安排应该足够灵活,保证没有人会被排除在外。
- 向任何想来参加会议的家长开放会议,并避免在计划会议时只考虑到母亲。父亲可能是最感兴趣的一方,有时祖父母可能和父母一样关心项目或学校里发生的事情。当然,有时是祖父母在抚养孩子,因此他们扮演着父母的角色。
- 如果可能的话,建议家长在会议之前对孩子进行观察。观察孩子的行动可以帮助家长看到项目的进展,以及他们的孩子如何与他人相处。这还可以让他们知道,当他们到达会议现场时,

策略 35 举行会议

应该询问或评论什么。

- 在会议期间想办法让家长放松。考虑会场布置和环境。提供食物或饮料会有所帮助。
- 避免使用术语。用通俗易懂的语言解释你想让家长明白的事情。术语会把你置于家庭之上，并使你成为专家。你可能是个专家，但家长也是。不要让专业知识妨碍你与每个家庭进行交流或建立关系。
- 不要将一个孩子与其他孩子或发展量表进行比较。当提及"快""慢""滞后""超前"这样的词时要慎重。成长不是一场竞赛。注意哪些话会引发情绪。"正常"是一个触发词，"异常"更是一个触发词。"典型发展"或"非典型发展"是更好的术语。谈论"挑战"而不谈论"问题"。避免贴标签或评头论足的话；相反，要用客观的方式来谈论孩子——描述他们的行为，而不是给他们贴标签。
- 检查自己的态度。无论是比喻上还是字面上，确保你和家长站在同一边。
- 确保对话是双向的，而不仅仅是站在专业角度上的独白。
- 了解自己的界限。不要以为你可以成为每个家庭的一切。不要期望你对每种情况都有解决方案。不要把你的知识和经验扩展到他们的界限之外。有时你需要引入或向家长推荐其他资源。
- 尊重隐私。闲言碎语尽管无害，却是不专业的。不要对一个家庭谈论另一个家庭。
- 帮助家长解决问题，但不要期望问题能快速或完美地解决。你的角色是帮助那些向你寻求解决方案或建议的家庭解决问题。你可以分享你的知识和经验，但他们需要得出自己的结论。

确保你和家长能互相理解。不用说，如果需要的话，你或家长应该提供一个翻译。不要让孩子在自己的会议上担任这一工作。另外，翻译工作最好由成人，而不是由孩子的哥哥或姐姐来做。

  这里有个例子，它讲的是一个幼儿园老师的仔细观察如何给她提供在会议上与家长分享的信息。老师一直在看4岁的凯，他一个人在地板上玩积木和人偶。她听到他的声音从房间的另一头传来，他不停地在说。她过来提醒他快到吃零食的时间了，他需要洗手。她看着他操纵这些人偶，在他们大声交谈时制造富有戏剧性的动作。凯把两个人偶放在一个积木塔的顶部，又拿了一个吊在绳子上。上面的两个人偶一直盯着悬挂着的那个，当老师宣布到了吃零食的时间时，他们正在大声争吵。凯没有停止游戏。老师让其他孩子去洗手，然后吃点心。当大多数人都过去的时候，老师走近凯，坚持要他洗手，然后到零食桌旁来。"呃。"他抗议道。"我必须把东西收起来吗？"他问道。老师回答说："不，你可以给你手里的东西打个'保存'的标记。""是的，"他说，"但是我会忘记我玩到了哪里。"他绝望地看着上面的两个人偶和悬在空中的那个。"很抱歉，"老师说，"但是你必须现在就来。"凯的脸上流露出痛苦的表情，他垂下头，同时挑衅地交叉双臂。突然，他抬头看了看老师，笑了。"我知道，"他自信地说，"我要开始新的篇章了。"当老师在一次会议上告诉凯的父母这个情况时，他们可以看到他们的儿子是如何成长的。他们很惊讶他居然用了像"篇章"这样的词，尤其是在他们家没有电视的情况下。他们知道他很有想象力——这并不奇怪——但这是凯的老师第一次密切关注他一个人玩得有多好，她对他的能力感到惊讶。对家长和老师来说，这个故事最棒的地方是，它展示了凯在应对过渡方面取得的进步。

策略 36　考虑跨文化会议

教师需要知道什么

在跨文化会议中，我们可能需要考虑沟通障碍。第一个是关于时间的概念以及迟到的含义。对有些人来说，早到很重要，所以当约定的时间到来时，他们已经在那里等待了。对其他人来说，目标是提前1分钟进门，他们不喜欢等待。对另外一些人来说，可以原谅的迟到意味着晚5分钟左右，有些人则不认为比预定时间晚20分钟是真正的迟到。而对一些人来说，钟表时间没有什么意义，约定可能就更没有意义了。在他们的文化中，在约定时间过后几个小时甚至几天到达都属于礼貌的范畴。

问候有与之相关的文化仪式。你握手吗？一个有力的握手是什么意思？这意味着你是一个坦率、有能力的人，还是意味着你咄咄逼人或粗鲁无礼？这取决于你的文化。握手时的轻微接触是什么意思？你是一个双手软弱无力的弱者，还是在你的文化中以礼貌的方式握手？眼神交流呢？如果你直视某人的眼睛，你是尊重他，还是不尊重他？这取决于你的文化。和文化一样，还有性别的问题。对男人可以做的事，对女人可能不能做，反之亦然。

如果你想变得热情友好，你是否微笑着坚持要别人称呼你的姓氏？你会直呼别人的姓氏吗？你将如何被接受取决于别人对你热情友好的手势所赋予的文化意义。有些人可能会觉得不舒服，或者认为你不尊重他们，而不是把你看成一个开放、热情的人。

会议一开始，你想马上切入正题吗？对于一些人来说，在进入会议正题之前进行社交是很重要的。询问有关家庭和每个成员的个人问题可能会表示一个家庭的礼貌，但会使另一个家庭对这种亲密感到不舒服。

当然，当家长和专业人员说的语言不一样时，巨大的障碍就会产生。使用专业术语也会产生类似的问题，但与项目和家庭之间没有通用语言相比，这只是一个小障碍。

解决这些障碍的一个办法是成为一名人类学家；然而，即使是人类学家也不了解可能出现在一所学校、一间教室或一个家庭托儿所里的所有文化差异。

教师能做什么

- 把自己看作一个终身学习者，研究差异可能会有所帮助，但最好的方法是调整你的敏感程度。任何互动背后所发生的事情总是比其表面上看起来的要多，即使是在来自同一文化和语言群体的两个人之间。行为的意义才是重要的，也是成为一个优秀的跨文化交际者所需要知道的。观察、提问、阅读、倾听和讨论，从而找出哪些行为对哪些人意味着什么。这些意义可能是文化的，但也可能是个体的。
- 做好犯错的准备。你会犯很多错。这就是我们学习的方式。把每一件事都看作一种学习的机会，而不是失败。
- 如果需要的话，通过寻找翻译来承担所有家长理解方面的责任，而不是期望家长自带翻译。确保翻译是称职的。同时，确保用家庭使用的语言来为你项目中的所有家庭提供书面通知。
- 如果家长讲你所使用的语言，但对他们的技能感到尴尬，帮助他们理解你在他们的语言上处于相同，甚至更糟的情况。重要

策略 36 考虑跨文化会议

的是不要摆出一副高高在上的姿态。
- 必要的时候，将会议日程放在一边，真正倾听家长的话——不仅是话语，还有话语背后的情感。倾听，直到对方停止说话。不要中途打断别人。当轮到你的时候，不要从自己的角度去争论、教育或回应，试着从别人的角度去陈述。通过陈述对方的感受、经历、看法、信念或概念，把你听到的要点或精神用语言表达出来。看看你是否能理解更深层次的信息。大多数人很少做这种倾听和回应。在有分歧的谈话中，大多数人会不断地提出自己的观点。倾听技巧是可以学习的，最重要的是当你收到别人想要传达的信息时你得到的反馈，因为交流开启时对话才能继续。
- 把来自相同语言背景的家长联系起来，这样他们就可以互相帮助和支持。同时，把他们介绍给来自其他语言背景的家长。在他们感到舒服的水平上，不要让语言差异阻碍你邀请所有的家长参与这个项目。

下面是一个关于时间概念差异的故事：一位客座教授到另一个国家讲课，在那里，时间有着非常不同的含义。第一天，他提前了几分钟到教室，但只有一个学生在那里。到了上课的时间，他也只有几个学生。"他们会来的。"一个来得早的学生向他保证。学生们在第一个小时里陆续进来，最后，教室里坐满了人。教授担心他没有足够的时间来讲他准备好的内容。在下课前 5 分钟，教授以为学生们会开始合上笔记本，拿起书包。然而，5 分钟后，当时钟指示下课时，没有一个学生移动一下，准备离开。课程在规定的下课时间后继续进行了一段时间。教授需要适应一种完全不同的时间观念。

策略 37　产生顾虑时与家长讨论

教师需要知道什么

教师和照护者通常是第一个注意到孩子在动作、行为、互动、学习或交流方面与其他孩子不同的人。当你观察到你不能满足孩子的需求、支持他（她）的发展，或培养他（她）在项目中的归属感时，你可能会认为孩子们需要比你所了解的更专业的知识来满足他们的需求。这表明是时候和家长们开会了。

如果你和家长保持联系并持续地与他们进行交谈，组织会议讨论你所担忧的问题就不会令他们感到意外。很有可能，家长们一直都很关心这些问题，也很乐意分享他们的看法。带着你的观察记录和你尝试过的干预措施的笔记来参加会议。以下是组织这次会议的一些建议。

教师能做什么

- 在安排与家长会面讨论寻求外界帮助的可能性之前，先做一系列观察。注意细节。客观详细地描述你关心的行为。注意行为发生的时间、地点和环境。结合你的观察，看看改变环境或方法是否会影响行为。这是要与家长分享的重要信息。请记住，只有讨论你观察到的特定行为才是适宜的，避免急于贴标签或做判断。
- 在会议中，尽量让家长感到舒服。所选择的座位安排要让你们坐在一起而不是分开。例如，坐在桌子后面会让你和家长之间产生心理和生理上的障碍。更温暖、友好的座位安排可能效果会更好。为隐私提供空间。留出足够的时间，这样，会议就不会显得那么匆忙，你也就能谈得足够多。如果家长们第一次参加会议，需要让他们感受到你的关心，并让他们感觉可以信任你。

- 从询问家长如何看待他们自己的孩子和分享你观察到的其孩子的一些积极品质开始。首先，让孩子的家长知道，你在和他们分享你关心的事情，而这是为了支持孩子的发展，并就如何最好地满足孩子的需求获得一些想法。如果家长对孩子的看法与你的不同，那就敞开心扉，接受他们的观点，提出问题，收集信息，并邀请他们成为你的伙伴，以满足孩子的需求。

- 在和他们分享你的顾虑之前，问问家长是否有他们还没有表达的顾虑。当需要分享你的顾虑时，确保你清楚地表达了自己想要说的，不带评判且给出了具体的例子。例如，不要说孩子"行为不端，打扰了其他孩子"，而要具体说明——让家长知道，你观察并记录了他们的孩子很难安静地坐着，而且在你读故事的时候他站起来了 8 次。向家长解释他们的孩子在过渡过程中表现不佳的行为。讲述上周发生的 5 起攻击其他孩子的事件。不要对孩子做出明确的诊断，比如孩子有注意力缺陷障碍。

- 如果家长不理解你的顾虑、不同意你的观点，或者如果你建议他们转介做进一步的评估，那么他们可能会不高兴。你的观察可能会让他们感到震惊或愤怒。在这种情况下，你需要敏感地支持家长的情感。就像你接受孩子的感受并同情他们一样，要意识到对待家长也需要同样的方法。你不是治疗师，但治疗师的一些倾听技巧对你很有帮助。理解愤怒或责备是人们在痛苦中常见的反应，有助于你接受这些情绪，而不会产生防御心理。

重点是要关注家长的感受，倾听他们的想法，而不是尽量减少他们的烦恼或试图说服他们。

- 要清楚的是，进行进一步的评估是一个积极的举动，你和家长都把孩子的最大利益放在心上——即使你们现在意见不一致。

- 有时，当你第一次与家长分享你的顾虑时，他们可能不会接受这一信息，或者他们可能会接受信息，但不准备立即采取行动。不要给他们贴上"否认"或其他的标签，记住每个人都在以自己的步调行动，接受信息的方式也有所不同。家庭的情绪反应会影响到他们听到的和理解到的。处理和整合这些信息将花费的时间因家庭不同而有所不同。

- 给家长时间去接受他们的孩子可能与其他孩子不同。这种可能性对一些家庭来说听起来很难接受。除非有特别紧急的原因，否则就让家庭按照他们自己的节奏来。

- 准备好为家长提供支持，让他们理解你所分享的，必要时重复这些信息。让他们知道资源信息随时可用。如果你发现自己对这件事的判断或情绪影响了你作为决策者尊重家长的能力，那就为自己寻求支持，要勇敢地建议家长与其他人讨论这件事。

- 支持家长寻求帮助。让他们知道你一直与他们和他们的孩子同在。如果涉及获取学区资源或联系早期干预项目、儿科医生或其他卫生保健的服务者，可以请家庭发挥主导作用。

- 由于许多家庭希望行动起来，那就准备好与他们讨论获得进一步评估和（或）可能服务的资源。这就是你"做推荐"的时候。一般情况下，在向家庭推荐儿科医生的同时，也要向他们推荐当地的早期干预或特殊教育资源。你应该掌握关于项目中的服务、当地早期干预服务、特殊教育服务和其他资源的信息。

- 你不能保证家庭可以从其他机构中获取资格或服务。你可以描述一下推荐后可能发生的情况，以及根据你所了解的情况可能产生的结果。让家庭知道你愿意向所推荐的机构提供信息。家长一定会允许你与所推荐的人谈论他们的孩子，所以你要小心地尊重家庭的机密，并确保你明确地同意保密。

- 在获取资源时，家庭可能会面临一些障碍，这些障碍包括保险、语言、文化习俗和交通方面的问题。你可以为他们制定流程，但不是要为克服所有阻碍而承担责任，而是要专注于支持家庭，并相信家长们能够找到自己的方式来满足孩子的需求。你可以为他们和孩子们提供最好的服务（Brault，2007）。

50 STRATEGIES FOR COMMUNICATING AND WORKING WITH DIVERSE FAMILIES

第七部分

与有特殊问题的家长合作

策略 38　帮助儿童进入学校或项目

教师需要知道什么

第一天的准备工作应该在孩子开始上学或第一次进入早期保育与教育项目之前就开始。当家长帮助他们的孩子以小步调适应分离或新状况时，效果会更好。通常，在进入幼儿园、新学校或其他早期教育项目时最难分开的孩子是那些第一次离开家庭的孩子，尽管这并不总是正确的。理想的情况是，孩子在入学第一天之前就要熟悉教师或照护者。那些完全致力于与家长合作的项目，有时会在项目开始前就想出如何对家庭进行家访。这让教师不仅能在家长的地盘上见到他们，还能见到即将入学的孩子。另一种选择是提前邀请孩子和家长来参观，这样孩子就能见到教师或照护者并熟悉环境。这两种方法都可以确保孩子不会在陌生的地方和陌生的成人度过第一天。

家长手册可以帮助家庭在参加新项目时更有安全感。信息总是有用的！当然，如果这本手册只有英文版本，而有些家庭不能讲英语或读英语，那就没有多大帮助了。应该将家长手册翻译成已登记家庭所涉及的各种语言。

在儿童保育项目中，没有新学年第一天的概念。全年都有儿童照护服务，孩子们可以随时来随时走。没有一个特定的时期来限定所有家庭的孩子都在同一时间入学。然而,在学校项目中,有开学的第一天。如下一些想法与如何在学年开始时为家庭和孩子营造一个更平和的开端有关。

可以考虑在开学第一天之前，让家庭来学校参观。一次安排几个，这样家庭和孩子就可以互相了解，而不会被一大群人挤得喘不过气来。开始的日子也要错开，每次只来几个孩子。如果可能的话，缩短第一周的入学时间，这可以帮助孩子们逐渐适应学校。对大多数公立学校来说，这比较困难，因为学校会亏损；但在私立学校和季节性幼儿园中，有时可以有一个平和的开始，并减少分离焦虑的问题。

对于第一次参与的儿童，有一些项目会邀请家长帮助他们，直到其感觉舒服。这种邀请提供了一种温暖的基调，并向孩子和家长发出了信号，告诉他们这是他们的地盘，而且他们是受欢迎的。第一次的经历可以鼓励家长参与到项目中来。尽管一些早期教育专业人员更喜欢家长把孩子送来后马上离开，但让那些能留下来且想留下来的家长这样做是有好处的。然而，有些家长可能认为家庭和学校是完全分开的，他们认为自己没有理由走进教室或参与其中（包括帮助他们的孩子适应分离）。

比较常见的情况是，家长想要偷偷溜出去，而不说"再见"，因为她知道孩子会抱住她哭。最好提前讨论这种可能性，而不是等到它发生时才讨论。早期教育专业人员会对因孩子的分离行为而产生情绪的家长表现出同理心。同样，这个专业人员会帮助家长了解，对于孩子来说，开始不信任家长比公开表达他们对分离的情绪更艰难。

当然，当一个孩子从小接受早期保育与教育时，他可能已经习惯了分离。然而，与他适应的环境相比，学前班或一年级的第一天可能是一个更大的转变。这可能是一个有新规定的新环境。这个群体的规模可能更大，而且在第一天就让家长待在教室里，不像针对婴幼儿的项目那样可行。

教师能做什么

- 让每一个人都感到受欢迎——无论是孩子，还是家长。以一种"欢迎每一个人，所有人都被接纳"的方式来回应群体的多样性。这可能包括使用他们语言中的一些单词，或者在墙上挂一些图片、在房间里放一些书、播放一些反映这个群体文化的音乐。
- 让家长放心，他们的孩子得到了很好的照顾。
- 表现出对任何不安情绪的接受——无论是孩子的，还是家长的。如果他们都能意识到他们的情绪不会令你感到心烦，那就更好了。
- 帮助家长了解孩子的分离焦虑是很常见的，没有什么好担心的。实际上，它显示出了依恋，这是件好事。一些家长可能会认为那些表达分离焦虑的抗议是不礼貌的行为。向他们保证你不这么看。
- 如果家长被允许并选择留在教室内帮助孩子平和地分离，建议家长让孩子自己决定家长何时可以离开。虽然这并不总是有效，但当它起作用时，它会给孩子一种自信的感觉。
- 将一个新来的孩子与另一个孩子配对。将家长与另一位经验较丰富的家长配对。
- 建一个照片墙，把孩子的照片和他（她）家人的照片贴在一起。你也可以把教师和他（她）家人的照片放进来。在项目中，除了教师，其他工作人员的照片也可以帮助孩子和家长感觉到家的温暖。
- 允许孩子带来"过渡物品"——一些从家里带来的特殊物品，可以在孩子因分离而情绪低落时安慰她。

有这样一个故事，它讲述的是一个孩子在上幼儿园时是如何学会勇敢的：尼基是个早产儿，开始并不顺利，在他生命的前两年里，他的身体非常虚弱。在上幼儿园之前，他有过两种不同的早期保育与教育经历。每当他开始一个新的项目时，他的父母就会一直陪着他，直到他可以一个人舒服地待着。学前班是继幼儿园之后迈出的一大步，然而，尼基开始担心了。在开学前他和妈妈一起参加了家长会。当老师宣布孩子们将和助教待在教室里，而家长们则在学校的操场上参观时，尼基抓住妈妈的手不肯放。那天他是唯一一个和父母一起参观校园的孩子。会议结束后，这位母亲告诉老师，她会一直陪尼基待在学校里，直到他进入一个新的项目并感到舒适为止。老师很清楚地用坚定的声音说："不允许家长第一天待在教室里。"尼基和妈妈都对第一天感到担心。他们谈了谈。他的母亲解释说，这所新学校有新的规定，尽管他们俩都不喜欢教室里不允许有家长的规定，但事实就是这样。"那你打算怎么办？"她问他。他想了一会儿，然后说："我要到桌子底下去。"一旦他有了策略，他就会感到更加勇敢。第一天来了，他放开妈妈的手，径直走进教室。课程结束后，她来接他，高兴地看到他脸上的笑容。"怎么样？"她问道。"嗯，"他说，"我照我说的做了。我钻到了桌子底下。然后一个女孩说：'老师，桌子下面有一个男孩。'所以我出来了。"他只说了这么多，但显然这个策略奏效了！第二天，他想出了一个新策略。他穿了超人T恤。

策略 38　帮助儿童进入学校或项目

这本家长手册的"日常指导方针"部分有一个名为"带孩子来上学"的小节，其中有一些想法和具体的指导建议。

日常指导方针

➡ 带孩子来上学

帮助孩子从家过渡到学校是很重要的。如果工作人员没有招呼您的孩子，带您的孩子去找其中的一位教师。国家制度要求教师在父母离开前与孩子及其父母打招呼并评估孩子的健康状况。

有几件事需要记住：

（1）您可以提前 10 分钟带孩子来，这可以给您一些时间去问候教师，和您的孩子在学校四处看看，然后走向孩子的班级。

（2）当您到达时，在每日签到表上为您的孩子签到。您必须使用完整的签名。

（3）给孩子别上名牌，帮他（她）挂外套。

（4）让教师了解一些能让他们更好地照顾孩子的信息（睡眠不足、日常安排的改变、新药的服用等）。

带孩子离开

（1）接孩子的时候，给他（她）做登记。只有紧急情况卡上的人才可以接孩子。如果有其他人来接孩子，记录上的父母必须口头通知工作人员并给予书面许可。接孩子的人必须到儿童中心办公室报到并出示照片证明，这样孩子才能离开。

（2）把孩子的名牌放在教师指定的地方。

（3）检查孩子的小格子，看看有没有"宝物"等着被带回家。

（4）把湿衣服带回家。

（5）如果您的孩子把学校的衣服穿回了家，请将衣服洗干净并在第二天归还。

（6）检查您的家长邮箱。请阅读并回复每一个备忘录和通知。

策略 39　保持母语

教师需要知道什么

当那些母语不是英语的儿童进入学校或其他早期教育项目时,人们会对他们产生许多误解。由于这些儿童可能被视为语言缺陷或语言迟缓的潜在患者,因此重要的是,无论他们目前的英语水平如何,每个人都应该认识到并赞赏这些儿童用自己的语言所取得的发展。保持母语和鼓励儿童继续发展母语的好处有很多。在他们已经知道的基础上学习英语可以促进双语的发展,这个目标很有价值(Charmian,2007)。对教师来说,重要的是不要把双语看成问题,而要将其视为一种福气。

语言和文化是息息相关的。家庭通过语言把他们的文化传递给自己的孩子,教孩子如何成长、如何成为家庭所属的特定群体的一员。因此,语言在身份形成中也扮演着重要的角色。对于成长中的孩子来说,最大的问题是发现他们归属哪里。那些失去母语的孩子也失去了与家庭和民族的重要联系。

语言和文化都不是在正式的课堂上教授的。相反,这两种能力都是在互动的过程中习得的,孩子们通过互动了解周围人的期望。有些与文化有关的非正式"课程"可能根植于语言,有些则不然。

孩子的"母语"是什么?母语有广义和狭义之分。一种狭义地看待母语的方式是,是否存在给出语言标准的字典和语法书。早期教育

策略 39　保持母语

工作者看待母语的一个更有效的方法是把它看作孩子在家里说的语言。

几年前，当加利福尼亚州爆发了一场伟大的"黑人辩论"时，全美上下都在争论——如果一些非裔美国儿童说的是所谓的黑人英语，那么教师是否应该接受他们的说话方式。当然，当家长说标准英语（或有时被称为"身份英语"）时，给孩子的支持可能与给一个说黑人英语孩子的支持感觉不同。或者考虑两个都说西班牙语的家庭。一个说标准的西班牙语，另一个说一些人称之为"西班牙式英语"的语言。在一些说标准英语或标准西班牙语的孩子看来，那些说西班牙语的孩子所使用的黑人英语和方言，都是等级较低的。但重要的是要记住，当涉及语言、文化、家庭关系、身份认同问题、是否接受家庭和他们使用的语言时，不管是什么，都会对孩子的自尊产生影响，而自尊可以支持学习和发展。

当教师不认可母语时，一些孩子就会接收到一些信息，不管这些信息是否说明，它们都会导致孩子们放弃母语而选择英语。那是英语语言学习的减法。加法要好得多。当孩子们学习标准英语并继续用母语学习时，他们就会掌握两种语言，这对于孩子、家庭、社区和国家来说是一种明显的好处。双语者会觉得和家人在一起很自在，在讲英语的圈子里也很自在。

没有人要求教师学习所有可能出现在课堂上的语言。当然，也不会要求他们去学习他们认为不标准的方言，但是有令人信服的理由不去轻视那些说这种方言的家庭的孩子。如果学校或项目中没有其他成人讲这个家庭的语言，那么将这个家庭或其他社区成员带到教室或项目中来也是很令人信服的。

当然，美国所有的孩子最终都必须学会说英语，而且使用英语的机会非常多。保持母语是支持英语学习者的一种方式。如果做得好，孩子最终可以掌握两种语言和两种文化，对于这个国家的所有孩子来说，这将是一个伟大的教育目标——包括那些母语是英语的家庭的孩子。

教师能做什么

- 鼓励家长和你一起努力坚持让孩子使用母语。与那些家庭分享这样一个事实：从历史上看，在这个国家中，移民家庭平均会在三代人的时间里丧失他们的母语。如今，这通常只需要一代人的时间。当孩子们开始感到羞愧时，他们有时会自己做出决定，不理会父母和祖父母使用的语言。

- 要知道，有些家庭和社区很难保持他们的母语。找到他们，在艰难中支持他们。让他们和那些对孩子学习英语感到担忧的家庭聚在一起，这样他们就不会面临孩子失去母语的风险。如果听说其他成人觉得他们一旦丢掉了家庭语言，他们就不能回家且觉得他们不属于那里，或者当孩子和成人不再使用相同的语言时所出现的纪律问题，这些家庭可能会愿意与你共同努力让孩子使用母语。

- 在孩子学习英语的过程中，要考虑他们的情绪状态，把他们的情绪健康作为首要目标。

- 找到一些方法，把每个孩子的母语都带进教室或中心。当不在家的时候，孩子们可以通过听他们的母语来支持他们的情绪健康。让家庭参与进来是有帮助的。志愿者也可以提供帮助。社区中心、社会团体和宗教团体都可以作为教室或中心志愿者的来源。

- 寻找有儿童母语的书籍和其他书面材料。从他们的文化中引入其他媒介（如录制的音乐）。直播音乐更好。确保教室或中心的环境能反映每个家庭的语言和文化。

- 语言、学习和思维是联系在一起的。鼓励孩子们使用他们最强的语言来帮助他们思考或解决问题。

- 成为双语的倡导者，并与其他人一起改变只使用英语的、不公平的评估方法。

- 要小心，不要把那些学习英语的人错误地贴上"语言缺陷"或"语言迟缓"的标签。
- 不要被孩子们很快就能学会第二语言的传言所愚弄。用自己的语言来发展学业能力尚且需要多年的时间，因此，英语学习者可能会获得会话能力，但获得全面的英语语言能力不会比单说英语的儿童更快。当然，如果孩子们继续发展他们的母语能力，并学习英语能力，他们最终会成为真正的双语者。
- 为自己寻找资源和支持去做一件困难的工作。从来没有人说教书是一件容易的事——是的，这是一件值得做的事。但是，没那么容易！

策略 40　　让儿童轻松过渡

教师需要知道什么

养育孩子最困难的部分之一就是跟上孩子从一个发展阶段到另一个发展阶段的步伐。最戏剧性的变化发生在前两年，但从一个阶段过渡到下一个阶段是贯穿整个童年的持续过程，家长可能会将这些新行为视为问题，而不是更成熟的标志。这就是有效的育儿教育可以派上用场的地方。家长可以学习新的、可以应用到每一个新阶段的方法。大多数家长都没有学过儿童发展课程，所以对于那些觉得这门课很有帮助的家长来说，这是一个很好的家庭教育的话题。那些正面临一个陌生阶段的家长往往会接收到要读的文章、讨论小组的信息，甚至是讲座和视频，他们会为此心存感激。当然，所有这些材料（和讲座）都需要使用家庭语言！

从一个阶段转到另一个阶段是一种过渡。从一间教室到另一间教室，或者从一个项目到另一个项目，是另一种过渡，这种过渡有时与儿童的发展变化同时发生，有时则不是。在一个努力适应儿童发展的项目中，如果每个新阶段都需要面对新的教师和新的教室，那么非常年幼的孩子可能会面临许多方面的过渡。当你考虑到关系问题——在每个发展阶段中，孩子与教师或照护者的关系，以及家长与陌生成人的关系——不断的转变会让人非常不安。一种叫作"循环"的技术，即教师和班级或小组持续待在一起几年，是解决逐渐严峻的关系问题

策略40　让儿童轻松过渡

的一种方法。但无论如何，孩子们和他们的家长总有一天要向前走。

任何项目中的日常程序都离不开过渡。在低年级中，小组指导和个人工作之间可能会有过渡，但主要的过渡发生在课间和午餐时间。这些是休息时间，通常受到大多数孩子的欢迎。对一些孩子来说，课间休息结束时可能是一个大的过渡，他们可能会抵触。在低龄幼儿的项目中,过渡环节会在两个活动之间有规律地进行，它们通常包括入园、自由游戏、收玩具、户外活动、洗手、小组活动和加餐的时间，重复早上第一部分的例行活动，接着是午餐和接下来的午睡等，最后以"再见"结束一整天的活动。

其他影响孩子的过渡源于家庭的不断变化。一些家庭的生活经常受到干扰。教师对此无能为力，只能理解孩子在这种情况下可能表现出的行为。

以下是帮助教师应对各种过渡（包括日常生活中的过渡）的策略。这里也有一些关于家庭（尤其是一个不断变化的家庭）如何帮助他们的孩子进行过渡的建议，无论是从一个阶段过渡到另一个阶段、从一个房间过渡到另一个房间，还是从一个项目过渡到另一个项目。

教师能做什么

- 在课堂上，创建一个可预设的和可见的常规，使用各种方法来标记一个活动或时段的结束以及另一个活动或时段的开始。在每次改变之前向孩子们示意，并根据他们的年龄告诉他们多久会发生变化。如果过渡带来的问题比较严重，考虑减少日常生活中的过渡。

- 帮助一个孩子（和家庭）从一个教室过渡到另一个教室，或者从一个项目过渡到另一个项目，可能这不是你能控制的，除非在时机到来之前你就已经为家庭和孩子做好了准备。如果孩子要搬到同一个项目中的另一个教室，你可以提前向他示意，这样他就不会对这种变化感到惊讶。如果整个小组都将移动,那就会有所不同。如果孩子能够在移动前参观新教室,这可能会有帮助。有时,当新教室在同一地点时,孩子可以逐渐地过渡。

- 认真对待你作为家长教育工作者的身份。正如你作为个人对儿童的照护和教育做出反应一样,你也应该作为个人对家长做出反应。有些家长在育儿方面是新手,以前从未带过孩子。他们渴望知道更多知识,尤其是如果他们把你视为一种资源,而不是一种威胁——能给他们一些想法,但不会批评他们的人。其他家庭可能在育儿方面更有经验。他们可以成为家庭的资源,提供家庭所需的技能、信息和支持。

- 有很多方法对学习如何为人父母(包括如何促进平稳过渡)有帮助。正如早期教育专业人员关注儿童不同的学习方式一样,他们也应该关注父母和其他家庭成员的学习方式。什么是最重要的?它可能是塞在家长邮箱里的回应家长提问的文章、一个能借阅与育儿有关的各种资料的图书馆、一个推荐阅读的清单、围绕一个家长或几个家长感兴趣的话题展开的讨论、观察后的讨论、视频、推荐的网站或把有经验的家长和没有经验的家长配成一组的举动。如下是关于如何将教学方法和资源与个人学习风格相匹配的几点想法。

- 与发展阶段无关的过渡应该是渐进的,而不应是频繁的。有些孩子即使在一些小的过渡环节(比如从一项活动到另一项活动)中也会比较痛苦。他们甚至抵触很小的变化。他们不喜欢新事物。另一些孩子没那么不情愿,但几乎所有的孩子都会因为过渡而产生一些压力。

- 记住,伴随孩子们的每一个过渡,家庭也会受到影响。每个人都能感觉到进步。

- 有些儿童保育项目缺乏持续性的照护。工作人员一直都在变化,孩子们从来没有长时间或深入地了解成人。如果你看到一个孩子似乎正遭受这种痛苦，如果合适，你可以向家庭谈及家庭托儿所作为早期保育与教育环境的优势。孩子如果进入了家庭托儿所，可能会发现它与之前的多次过渡和缺乏稳定性形成了鲜明的对比。如果一些家庭托儿所的提供者有几个来自同一个家庭的孩子，那么他们可能会与这个家庭保持多年的联系。儿童在出生时经常进出家庭托儿所，并可能在那里一直待到长大，不再接受早期的保育与教育。在某些情况下，孩子长大了，并且有了自己的孩子，他会把孩子送到他早年去过的同一个托儿所。谈谈长期的关系和护理的持续性！

- 当孩子们生活在不断变化的家庭中时，除了提供支持，教师或其他早期教育工作者也无能为力。例如，祖父母可能暂时代替在军队中服役的父母。这也可能发生在单亲家庭，例如，父亲（母亲）不在身边，或者父亲（母亲）有药物滥用问题或被监禁。有些孩子住在两个家庭，在父母之间来回换住所。没有证件的移民父母的子女，在父母被"扫荡"、监禁或驱逐出境时，可能会被留在亲戚或朋友家里。在所有这些情况下，支持孩子和养育孩子的人都是无价的！

下面是一个例子。一个婴幼儿项目决定建立一个持续照护系统，让婴儿和相同的照护者待在一起，直到他们长大可以去幼儿园为止。随着婴儿的成长，尽管其最开始居住的房间发生了变化，但照护者并没有变。刚开始的时候，没有人确切地知道工作是如何开展的，一些人产生了质疑。照护者有一些抗拒，因为他们习惯了某个特定的年龄组，不愿意和大一点的孩子一起工作。但事实证明，一旦他们与婴儿建立了联系，这就不是问题了。他们真的很享受"和他们一起进步"，并见证接下来的更多发展。当第一组孩子快要转到同一栋楼里的幼儿园，留下刚学走路的孩子时，有人开始担心他们的分离过程。在和同一个照护者长时间共处后，当他们说再见时，难道他们不会感到难过吗？令人惊奇的是孩子们做得很好。他们对成为幼儿园的孩子感到兴奋，这种过渡是渐进的，以至于在最后的搬家到来之前，他们已经习惯了幼儿园的教室和教师。新的世界和那里的人对他们来说是如此有趣和令人兴奋，以至于他们的分离是温和的。就连照护者也觉得放手很容易，因为他们觉得孩子们已经准备好离开了，而且孩子们知道自己还会继续看到他们。他们不再是孩子们的照护者了。另一个惊喜是，遭受分离焦虑的人竟然是家长们！他们担心新教师和新项目。他们不想让那些他们已经逐渐了解并信任的人离开。

策略 41　将大自然带进儿童的生活

教师需要知道什么

随着儿童肥胖率的上升，很明显，许多美国孩子的生活方式出了问题。当观察一般的美国婴儿的早期生活时，你很容易发现这个问题的根源。婴儿被绑在各种降低运动能力的设备上，他们醒着的大部分时间和所有的睡眠时间都是在室内度过的。他们习惯了久坐不动的室内生活方式。

将美国婴儿与匈牙利布达佩斯的一家托儿所 60 多年来照顾过的婴儿的平均寿命和健康状况进行对比，你会发现相当大的差异。这个托儿所以其创始人埃米·皮克勒（Emmi Pikler）博士的名字命名，名为"皮克勒研究所"，它将科学与一些关于呼吸新鲜空气、运动和自由探索室内和室外的传统理念结合在一起。该研究所的婴幼儿不仅每天（除了在极端天气下）在户外进行游戏，而且从出生起就在室外睡午觉（Gonzalez-Mena，2004）。

这个传统理念的一部分是孩子们应该自由地运动和探索。在皮克勒研究所，孩子们从婴儿期就开始学习。他们不是被绑在婴儿背带、摇篮和婴儿车上，或被动地坐在高椅子上，皮克勒研究所的婴儿自然地运动，不受现代婴儿设备的限制。因此，他们获得了运动技能和平衡能力，最重要的是获得了学习的动力。他们成长为活跃的学龄前儿童，认为自己是有能力的学习者，大人不需要滔滔不绝地赞美他们完成的每一件小事，也不需要为他们的学习提供奖励。他们是天生的学习者，渴望发现和弄明白事物是如何运作的，并获得周围和外部一切事物的知识。

把那些有过这类早期教育经历的孩子带进课堂，要求他们坐下来，记忆一些没有意义的事情或长时间重复回答卡片上的问题。你可以看到，他们要么会出现问题，要么会形成一种消极的生活方式。这种消极的生活方式无疑是一种趋势，因为外部压力使教师以他们可能不赞同的方式进行教学。此外，事实是，在一些学校里，休息时间就像一种濒危物种，因为人们认为休息削减了学习时间。

理查德·洛夫（Richard Louv，2008a，b）正努力扭转他称之为"扭曲的童年"的趋势。他是在自然环境中探索和自由游戏的倡导者，这是一些孩子从来没有机会去做的事情。他引用的研究表明，在室内看电视或计算机的时间与儿童（以及成人）日益增长的体重有关。

自由、无组织的游戏对孩子的身心健康很重要。在自然环境中自由游戏可以提高认知灵活性、情感能力、批判性思维、解决问题的能力、想象力的创造性运用、自尊和自律。它使孩子们更聪明、更乐于合作、更有活力、更快乐、更健康。在自然环境中玩耍是有价值的，因为自然是一个高度复杂的系统，它比我们所有人都要大得多。儿童在自然环境中比在大多数其他环境中能找到更多可做的事情，因为大自然中有许多游戏理论家所说的"低结构材料"。"在任何环境中，发明和创造的程度，以及发现的可能性，都与该环境中变量的数量和种类成正比"（Simon Nicholson，引自Gies，2008，p. 26）。

在自然环境中花点时间鼓励孩子们承担合理的风险，这是成长的重要组成部分。一直在无风险环境和（或）成人控制下长大的孩子几乎没有经验判断他（她）能够应对哪些风险、哪些风险值得承担。了解一个人的身体能力是一项重要的童年任务，它是在有机会承担合理风险的环境中学习的。据吉斯（Gies，2008）所说，伊利诺伊大学的一项研究发现，与自然的接触，以及其中涉及的风险承担，甚至可以减少注意力缺陷障碍发生的可能性。

教师能做什么

- 观察你每天的日程安排，计算孩子们不在成人指导下进行自由的、非结构性游戏所花费的时间。如果成人的约束不利于幼儿自由游戏的延伸，或者如果幼儿在学校里根本就没有自由游戏的机会，那就和家长们聚在一起，想办法把这段时间延伸到校外，尤其是在校外时间也很有限的情况下。
- 一些家长会基于几点原因来反对这里提出的一些想法，要对此做好准备。大多数在这一领域工作了一段时间的学前教师都知道，一些家长认为孩子们需要为上学前班做准备，自由游戏是在浪费时间。他们可能更喜欢结构化的学习活动。此外，那些被认为很重要但有点杂乱无章的感官探索的游戏活动会引起家长的恐慌。另外，像下面的建议一样，走出家门，走进大自然，可能不是家庭文化传统的一部分。对于低收入社区中的家庭来说，由于经济方面的问题，他们没有交通工具，由此也不容易接触到大自然。不要放弃，要明白，对一些家庭来说，通往大自然的道路或许并不好走。
- 对自然缺失症有更多的了解，并和家长一起找出解决办法。回归自然（如果需要的话）是一个很好的开始，为家长和孩子提供一个榜样。你的热情是有感染力的。
- 把自然带入课堂，让孩子们亲身体验。看看能不能找到家长和你一起尝试。
- 成为阻止社区去自然化和恢复自然的倡导者。一些有远见的学校正在拆除操场和种植花园的沥青。
- 如果还没有把自然学习纳入课程，那就成为倡导者（并带上家长）。根据孩子的年龄，以适合其发展的方式教授自然史。
- 如果可能的话，到自然环境中实地考察。让家长参与进来。这可能很难，但值得一试。

策略 42　用营养解决肥胖问题

教师需要知道什么

如今，超重的美国儿童比以往任何时候都多。为什么？一个原因是缺乏锻炼；另一个原因据迈克尔·波伦（Michael Pollan）在《为食物辩护》（*Defense of Food*，2008）一书中所说，是不健康的饮食。大多数美国人的饮食都由高度加工的食物构成，它们看起来像食品，但不是真正的食品。这些产品含有大量的精制小麦、糖和玉米糖浆——即使是那些尝起来不甜的。虽然添加了维生素和矿物质，最终产品的营养价值仍然远远低于原始的、未经加工的食物。肉类充满了激素，这些激素旨在使动物有脂肪且美味，但当人们吃肉时，这些激素会进入人的身体。这可能会加重他们的体重问题。

一位妈妈带着女儿在托儿所里向教师和主管抱怨——她感到很遗憾，每日菜单缺乏适当的营养。但是因为这个项目依赖政府的资金，因此必须遵循政府的指导方针，他们不能做太多改变。维权就可以在此时发挥作用——尽管华盛顿那些希望维持现状的食品游说团体态度强硬。

为幼儿提供适当的营养存在着巨大的阻碍。首先，低收入家庭可能难以通过食品券和食品分发处获得他们及其子女所需的所有健康成分。低收入家庭需要考虑的一个重要问题是要有足够的食物来填饱孩子的肚子。有一位教师让她的学生用她所在州的食品券提供的美元配额，出去为一个四口之家购买食物。他们都需要保持健康。但大多数人发现几乎不可能在遵循营养指南的同时还能填满四个胃。教会人们如何用便宜的天然原料制作美味的、有营养的、能填饱肚子的食物是解决方案的一部分。解决方案的另一部分是需要改变原有的口味，其中许多口味来自媒体上的广告。让孩子们吃到健康的食物是一个非常复杂的问题。

到孩子上学前班和小学的时候，他们已经形成了食物口味和饮食习惯。这就是为什么在儿童早期，家长的参与和教育是如此重要。如果教师和家长聚在一起探讨营养食品的选择，他们可以互相学习。文化差异可能是巨大的，但如果家庭仍然遵从祖先的饮食习惯，这可能是一个优点。过去简单、自然的饮食似乎更健康——没有了现代食品加工的所有添加剂和创新。当然，有很多压力要求我们采用当今的普通饮食，它们包括大量在汽车上或在路上吃的快餐，以及无论是冷冻在待加热容器中还是在杂货店货架上的盒子里包装好的食物。

教师能做什么

- 帮助家长了解新鲜食品比加工食品更有价值，如果你或该项目负责孩子们在离家期间的饮食，那就努力提供更多的新鲜食品。
- 树立健康饮食习惯的榜样。在家长会上提供营养丰富的零食。让家长贡献自己的想法和食物。
- 举办一系列以营养教育为主题的亲子会议，邀请烹饪专家来演示如何用不贵又健康的食材做出美味的食物。或者请家长来展示其基于家庭食谱所准备的健康食材。这是一个体验多样性的好机会。让孩子们也参与进来。收集家庭食谱是一个好点子，让孩子们帮忙制作烹饪食谱，这本食谱包括孩子们的词汇和家庭的食谱。
- 召开会议，与家长们就营养问题交换意见。

- 如果可能的话，种植食物并让孩子们参与进来。没有什么比拔一根自己种植的胡萝卜当零食吃更好的事了。让家长参与种植活动，并鼓励他们把这个想法带回家自己尝试。

如果可能的话，让孩子们分成小组在课堂上做饭。让家长们也参与到这个课堂活动中来，这样他们在家里也可以做同样的事情。许多学术课程可以从一个烹饪活动中产生。当你使用单独的食谱卡片时，早期的阅读就可以成为一门课。如果孩子可以阅读，卡片中可以包含单词。对小一点的孩子来说，图片会起作用——当孩子们看到一系列图形符号并从中找到意义时，他们也是在接受"阅读课程"。孩子们在测量配料时要上数学课——两汤匙这个，半茶匙那个。如果孩子们分组工作，这也会成为一种社会化活动。

这里有一个例子，它是关于一位主管如何与家长一起围绕营养问题展开工作的：一位与低收入家长一起工作的儿童照护项目主管决定召开一系列围绕营养问题的家长会。她请来了一位专业厨师做烹饪示范，之后在场的家长们享用了他们准备的美味佳肴。厨师介绍的食材营养丰富，价格低廉，而且很容易买到，但家长们对这些食材并不熟悉。这些菜很受欢迎，家长们也很喜欢烹饪课。与给孩子们上一堂营养课、让家长们为自己给孩子吃的东西感到内疚相比，这是完全不同的策略！

策略 43　解决电子媒介的问题

教师需要知道什么

电子媒介——包括电视、计算机、电子游戏和玩具，以及智能手机和平板计算机等个人设备——已经引起了人们对久坐不动的生活方式的健康担忧。另一个健康问题是媒体上的广告助长了不健康饮食习惯的形成。电视广告曾经是人们主要的关注点，但现在广告无处不在，它们可能会使成人和儿童摄入过多的卡路里。对同伴的模仿和广告所产生的强烈影响会让孩子们吃一些没有营养的食物和零食。电视和计算机游戏中的暴力对儿童的影响是电子媒介对健康的另一个负面影响。尽管电子欺凌在年龄较大的儿童中比在幼儿中更常见，但如今这已成为了备受关注的问题。

幸运的是，我们现在有研究可以告知家长和教师一些关于早期接触电子媒介的情况。为婴儿设计的视频曾被宣传为"让婴儿变得更聪明"的途径，并以一位著名天才的名字命名。华盛顿大学（University of Washington）进行的一项研究将观看这些视频的婴儿与没有观看这些视频或其他为婴儿设计的电视节目的婴儿进行了对比，他们发现看视频的人实际上比不看的人词汇量更少！

简·希利（Jane Healy）是一名教育心理学家，著有多本关于早期儿童学习的书籍。她强烈主张帮助教师和家长好好看一看孩子们在屏幕前度过的，而不是在真实的物理世界中度过的时光。我们不需要研

策略 43　解决电子媒介的问题

究来告诉我们——屏幕成瘾的现象在所有年龄范围内正广泛传播，而且在不断地增长。我们所到之处都能看到它。大多数人可能在家长和我们自己身上都能感觉到。

这些上瘾会从婴儿时期开始，因为婴儿被安放在电视屏幕前，观看专门为他们设计的有图像和声音的节目——或者是其他家庭成员正在观看的以前的节目。此外，一些家长和教师也急于让孩子们尽早开始使用计算机，以为他们的未来做好准备。这里主要关心的是，小孩子们花大量时间看屏幕或与屏幕互动，他们会错过什么。他们错过了先辈们在童年的自由时间所做的事情——通常是在自然环境中在户外跑步和与其他孩子玩耍。

从来没有人证明孩子必须坐下来学习。幼儿是积极的学习者，他们需要大量的机会来自由地移动、探索和游戏，而这是他们在家里可能得不到的。他们还需要具体的经验以作为学习的一部分。因为我们使用屏幕作为娱乐和学习的工具，所以今天的孩子们比历史上的任何一代人都更喜欢坐着看电视。难怪肥胖是一个日益严重的问题。

根据希利（2008）的研究，"早年花在计算机上的时间不仅会影响重要的发展任务，还可能会使儿童养成不良的学习习惯，导致其学习动力不足,甚至出现学习障碍的症状"(p. 75)。这是一个强有力的声明！那是在 2008 年。现在，电子媒介已经远远超出了计算机的范畴；只要看看人们等待时待的地方——机场、汽车站、医生的办公室。坐在餐馆的桌子旁等待食物的人们很可能正在看他们的手机——不只是为了打电话，而是使用其他功能。不管他们吃什么，他们都不和对方说话！大多数在公共场合的人，包括孩子，手里都拿着某种电子设备。如果小孩子没有自己的电子设备，大人们就会与他们分享，这样孩子们就可以看图片、玩游戏、看视频等。

但是，早期保育与教育项目中的计算机仍然是个问题。没有人证明在学前时期计算机对孩子的学习、发展、健康或幸福有帮助，尽管计算机和软件正被开发和销售给有婴幼儿的家长和从事早期教育的教师。这取决于家长和教师是否明智地选择为孩子们买什么东西。

早期学习应该在物理和社会环境中进行，而不是透过空洞的屏幕。当孩子们与成人和其他孩子进行个人交流时，他们学得最好。正如希利（2008）所言，"大脑在自由探索的环境中完成重要的工作，这种探索主要由儿童引导，成人乐于帮助并给予儿童情感支持，但成人不会过度干预"（p.76）。

在这种情况下，孩子们也在学习集中注意力，而不是从一件事跳到另一件事。电子媒介，伴随着铃声和哨声、弹出的窗口、图形和其他干扰，阻碍了儿童稳定的注意力。

和其他早期教育专家一样，希利认为7岁是孩子开始使用计算机以帮助其学习的合适年龄。她说，对于年幼的孩子，甚至是7岁的孩子来说，计算机学习应该辅以远离屏幕的操作活动。对许多教育工作者和心理学家来说，7岁是一个发展的里程碑——孩子们正在换牙，他们的训练不再局限于此时此刻的具体世界。然而，他们仍然通过具体事物进行学习；因此，供他们触摸、抓握和移动的操作材料仍然很重要。

已经有很多关于儿童观看暴力节目，以及商业广告险些将其变成消费者的报道。家长应该参与讨论孩子们在家通过屏幕看到的暴力的数量带给孩子的影响，而且他们应该尽其所能地消除或至少减少这个数量。在黄金时段，孩子们可以很容易地接触到这些媒体，而作为维护者，家长可以在这段时间对电视节目做一些调整。

当儿童长时间地待在屏幕前时，他们在自然环境中的体验会大大减少。仅仅用电视中的自然节目来代替是行不通的。在观看自然节目时，没有新鲜的空气、运动或感官体验。此外，这些节目会设置期望，这样一来，当孩子们真的到户外去体验自然时，他们会希望看到电视中发生的事情——鸟儿从蛋里孵化出来，或者公麋鹿打架。有了这样的期待，孩子们可能会发现在大自然中玩耍很无聊，因为事情不会像在屏幕上发生得那么快。研究自然需要耐心和观察技巧，而看影像并不一定能提高这些技能（除了拍影片的摄影师）。

教师能做什么

- 与家长合作解决与电子媒介有关的问题。看看他们是否有什么顾虑。
- 看看和你一起工作的家长是不是在担心孩子看电视的时间，问问他们想让孩子看什么，不想让孩子看什么。
- 如果你的工作对象是婴幼儿，那就去了解这个年龄段孩子的家长对电视和其他屏幕设备的看法。
- 如果合适的话，计划一次家长会或一系列以"电子媒介"为主题的会议。婴幼儿教师可以把注意力集中在电视上。幼儿园和小学教师可以将讨论范围扩大到一般的媒介。
- 组织一次家长会议，可以集中讨论媒介中的暴力问题。家长如何看待媒介不仅通过电视节目还通过新闻和游戏使儿童处于暴力的影响之下？你也可以审视一下自己的态度。当每个人都了解到与自己不同的观点时，这可能会引发一场丰富的讨论。
- 随着孩子年龄的增长，社交媒体上的欺凌成为令人关心的问题。年龄较小的孩子可能已经听说过因"网络欺凌"而导致自杀的新闻报道，这是你们项目中的家长所关心的问题吗？家长们想知道如何解决这个问题吗？
- 当涉及媒介时，帮助家长分清什么是积极的、什么不是积极的。如果合适，分享你的想法。通过监控孩子们对电子媒介的使用，努力减少过度使用某些媒介带来的负面影响，来帮助他们过上更健康的生活。
- 如果你现在没有和孩子们一起使用计算机，但是你有这样做的压力，帮助那些施加压力的人明白，孩子们过早使用计算机比晚一点开始会产生更大的问题。
- 在你使用计算机之前一定要做一些重要的决定。在你已经拥有了你需要的所有发展适宜性材料之前，不要把钱花在计算机上。不要为了买计算机而偷工减料。
- 如果你已经或即将拥有计算机，那么就组装起来，让使用计算机成为一种社会体验。让孩子们一起工作，边工作边交谈。
- 做好准备，在观察孩子们如何使用计算机时，如果你发现了问题，就开始思考如何解决问题。
- 和孩子们一起在使用计算机方面接受培训。
- 研究并确保购买的是适合幼儿发展的软件。
- 明确你想让孩子从计算机中学到什么，并寻找能够实现目标的软件。不要被那些不能达到目标的程序弄得眼花缭乱。
- 监控孩子在项目中接受的"屏幕时间"。确保他们也有足够的实践经验和有规律的户外运动。如果合适的话，与家长分享你对屏幕时间的担忧。
- 如果你正在使用DVD（Digital Video Disc，数字通用光盘）或电视，确保你播放的是适合孩子发展的内容。如果可以，剔除广告。限制孩子们坐着看电视的时间。确保你有很多积极的、互动的学习经验。
- 与家长和其他家庭成员讨论有关电子媒介的问题。分享想法。讨论如何解决可能出现的问题。
- 当涉及包括商业广告在内的媒体内容时，要意识到宣传团队考虑到了儿童的兴趣。如适宜，与家长分享这些信息。

策略 44　　离婚期间保持稳定

教师需要知道什么

需要特别注意正在经历父母离婚的儿童和家庭。这对所有的家庭成员来说都是一个重大的转变，可能涉及离婚双方的愤怒情绪和不当行为。离婚通常涉及经济压力以及从原来的住所搬走。孩子们的生活水平可能会降低。原来的家庭不会再以从前的方式存在。这可能会带来失落感，因为父母中的一方不再是孩子生活中的一部分。有时兄弟姐妹会分开。可能会有一段漫长而动荡的时期。在这段时期内，生活无法预测，安全感被打破。这段艰难的时期通常在离婚前就开始了，因为父母会经历一段短暂或漫长的冲突期。

教师能做什么

- 虽然对于缓解家里的紧张气氛，你不能做任何事，但你可以帮助父母处理孩子的情绪和由此产生的行为，其中可能包括恐惧、睡眠障碍、烦躁和发牢骚。有时孩子们会退行——回到生命的早期阶段，恢复他们很久以前就改掉的习惯（比如尿床或吮吸拇指）。一个平时很容易相处的孩子可能会变得要求苛刻、目中无人，或者不听话。通常有安全感的孩子可能会变得依赖他人，并表现出分离焦虑。在休息或游戏时间，你可能会注意到较少的积极互动、更多的攻击行为，也许还有更少的参与，因为一贯活跃的孩子变得更像一个观察者。大一点的孩子可能看起来很伤心，难以集中注意力，并表现出恐惧、焦虑或愤怒。
- 有时孩子们会认为离婚是他们的错。重要的是让他们明白这不是他们的错，他们不应该受到责备。
- 当然，父母有他们自己的感受，虽然你不是治疗师，但你可以为他们提供支持。你可能无法满足他们的需求，但如果他们想要交谈，你可以倾听。另一方面，他们可能不想说话。他们可能会因为太沮丧而离开，并且减少与教师或照护者的互动。在这个困难时期，理解和同情是对父母态度和行为变化的最佳反应。
- 社区为有压力的家庭提供了资源。了解有哪些资源，并向家长提供信息。你不可能成为所有人的一切，但你可以为家长提供咨询资源。对于没有伴侣的父母来说，一个自助团体可以成为他们的支持。提供联系方式。
- 为孩子和家长提供关于离婚的书籍。
- 明确谁能接孩子，谁不能接孩子。
- 要知道这段时间会过去的。要善良、温柔、善解人意。
- 审视自己对离婚的态度和感受。要意识到你对正在经历这种转变的家庭或孩子的固有印象。每个家庭和每个人的情况都不一样。离婚的过程可能会导致困难时期和相应的困难行为，但不要认为你已经知道离婚对孩子的长期影响。许多关于负面影响的观点并不正确。孩子们并不一定因为父母离婚而境况变差，也不一定因为生活在单亲家庭而境况变差。关于离异父母的孩子有许多传言和误解。如果父母在一起很痛苦，很可能会对孩子产生负面影响；一旦离婚，这种情况可能会有所缓解。

策略 45   **应对家长的去世**

教师需要知道什么

家人的去世对每个人来说都是一个创伤性事件——尤其是对儿童。父母作为儿童的主要照护者，如果他们去世可能会带来毁灭性的打击，因为当孩子有意识或无意识地问出"现在谁来照顾我？"时，他不仅表现出了失落感，还有强大的不安全感。死亡可以从根本上动摇一个孩子，影响他（她）的发展和自我意识。孩子和家长都要需要大量的支持。教师不是治疗师，但是他们可以做一些事情来帮助孩子和家庭度过这段注定困难的时期。

死亡如何影响孩子，与很多方面的因素有关。缓慢的死亡，这与突发而急骤的死亡有很大的不同，在死亡过程中孩子在情感上有所准备。这两种死亡也与在海外为国家服务而牺牲的士兵的死亡有很大的不同。当然，任何家长的死亡都有可能产生一些影响，孩子都需要经历一个悲伤的过程。但是突发的、急骤的死亡——尤其是在孩子亲眼看见的情况下——会让孩子极度悲伤并遭受巨大的精神创伤。

父母的去世不仅会使孩子遭受巨大的损失，而且还会对孩子的一生造成影响。生活环境可能会发生变化，日常生活必然会受到一些干扰。伴随的压力不仅会影响孩子的行为，还会影响他（她）的发展。阿莉西亚·利伯曼（Alicia Lieberman）和她的合著者（2003）认为，"当一个依恋对象消失时，孩子就失去了亲密互动模式，这种模式组织幼儿关键发展领域并为发展幼儿自我意识构建模块"（p. 10）。即使有一个父母幸存，他（她）也可能无法给予孩子情感上的支持，因为他（她）有自己的悲伤，并且需要不断调整来适应不断变化的生活境遇。

死亡的性质也会影响人的行为。有些死亡代表着社会的耻辱——例如，死于艾滋病、在监狱里被执行死刑或者自杀。这些死亡与那些因公殉职的父母（如军人、警察或消防员）有很大的不同。幸存者可能会有矛盾的情绪。将所爱的人视为值得感激的英雄，会让骄傲和悲伤交织在一起。但幸存者也可能会感到怨恨，因为亲人选择了公共服务而不是家庭责任，并为此而牺牲。

教师能做什么

- 要认识到死亡，以及与死亡相关的意义、行为、符号和信仰，它们都是高度文化性的，并且在不同的群体之间差异很大。你可能永远不会深入了解死亡对一个家庭意味着什么——除非你是人类学研究的一员，而作为一名教师，你不是。你只需要知道，在你支持这个孩子和家庭的努力中，会有一些你不理解的事情。
- 预想父母去世的孩子可能会有行为上的改变。帮助人们理解这些行为和感受的背后是悲伤的反应。为哭泣、愤怒、恐惧、焦虑、沮丧和增长的攻击行为，以及可能的退行做好准备。
- 让孩子尽可能熟悉事物。教师和其他早期保育与教育专业人员可以提供一个可靠、稳定的环境和预设的常规，这可能与孩子在家里的环境形成鲜明的对比。
- 在各个阶段给予悲伤的孩子情感上的支持。这些包括：①希望失去的父母会回来，然后最终放弃希望；②将父母的记忆融入持续的自我意识中；③转向另一个依恋人物，以寻找情感纽带（Lieberman, Compton, Van Horn, & Ippen, 2003, p. 7）。

- 要认识到孩子的行为，如抗议、情感退缩、愤怒和攻击行为，都是悲伤的反应。不要把它们放在心上。
- 让孩子们在游戏中发泄他们的情绪。不只是悲伤的孩子需要机会通过语言或游戏表达情感，其他的孩子也有可能会感到焦虑。
- 要知道，在节日里，当许多活动让孩子们为父母制作卡片和礼物时，孩子们可能会感到难过。考虑扩大活动范围，让每个孩子的生活中都有各种各样的重要人物。在这些活动中，尤其要向失去亲人的孩子提供帮助。
- 认识到家庭中其他成人的悲伤，尽你所能地在情感上支持他们。
- 注意自己的感受，死亡影响着每一个人，你也不例外。你有自己的问题和故事。把这些和这个家庭的现状分开。
- 如果合适的话，让幸存的家长与项目中的其他家长取得联系，这样他们就可以获得额外的支持。
- 不要试图成为一个治疗师或救世主，但要支持家长获取资源。如果孩子或家长需要治疗，帮助他们推荐。

策略 46　寻找社区资源并推荐

教师需要知道什么

当学校和其他早期保育与教育项目注重信息和资源共享时，每个人都会受益。不仅仅是专业人员掌握信息——家庭也有他们自己的资源，他们可以与工作人员和其他家庭分享。分享精神使工作人员给予和家庭接受的项目与相互给予和接受的项目有所不同。后一种项目会形成一个共同体。问题是形成共同体并不容易。专业人员忙于照顾孩子，当涉及资源时，如果他们有一个资源列表可以分发，那他们就很幸运。

低收入和无家可归的家庭面临着一个巨大的问题。如果家庭的衣食住行等基本需求得不到满足，教师和照护者如何能与父母建立合作关系，并期望他们成为子女照护和教育的一部分？缺乏满足孩子基本需求能力的家庭大量出现在学校、早期保育与教育项目中。根据儿童保护基金（2011）的数据，2009 年至 2010 年，贫困儿童人数增加了 90 万，从 1550 万增加到 1640 万。而超过五分之一的贫困儿童都在美国。在经济困难时期，儿童比任何其他年龄的人遭受的苦难都多。学校和早期保育与教育项目中的许多孩子来自单亲家庭，其中一些孩子和他们的家长有残疾和其他类型的困难。根据特恩布尔等人（Turnbull & Turnbull，2001）的说法，"单亲家庭的子女有发展障碍，他们的收入是所有家庭类别中最低的"（p. 217）。

我们无法用本章节的策略来解决一个家庭的经济问题，但是了解家庭支持服务可以帮助教师、照护者和提供者将家庭引导到能够帮助他们的社区资源中。从一开始，开端计划就认识到将社区和项目连接起来，以及把家庭和社区连接起来很重要。长期以来，这个由联邦政府资助的项目一直是其他项目的典范。

有三个主要的联邦项目为低收入家庭提供支持：旨在提供经济帮助的联邦项目被称为 TANF（Temporary Assistance for Needy Families，贫困家庭临时救助）；社会保障机构通过 SSI（Supplemental Security Income，补充保障收入）为家有残疾儿童的低收入家庭提供收入援助；医疗补助计划为低收入人群提供医疗保险。即使资金不足，这三个项目也可以解决低收入家庭的一些经济和医疗需求。一些州的项目可以帮助填补联邦项目被证明不足的地方。

教师能做什么

- 你的主要任务是支持家庭获取资源。不要对其进行诊断或提供治疗——这些不是你工作的一部分。检查一下，确保你不是带着救世主的心态来上班的。
- 埃塞尔·塞德曼（2003）创立了一个名为"家庭服务项目"的组织。她说，"基于照护关系，社区建设可以为资源的最佳可用性和使用性提供支持。获取资源不是在真空中发生的"（p. 360）。她为早期保育与教育项目提供了一些策略，以强调为家庭提供支持：
    + 改变你在项目中的形象，包括成为社区经济和人文服务基础设施的一部分。与社区领导建立联系。
    + 让你的呼声在你的社区里为人所知，包括加入学校委员会，成为社区中社会、商业和专业团体的倡导者。
    + 与各种社区组织合作，让大家一起变得更强。
- 特恩布尔等人（2001）提供了一些早期教育专业人员可以在合

作中使用的策略，以改善他们所服务的家庭的经济状况：

+ 确保园长、教师、照护者和其他工作人员了解有可能帮助到家庭的资源。这些包括 TANF、联邦收入所得税抵免、州收入和其他税收抵免、食品券、儿童资助及执法收入、健康福利——医疗补助或州儿童健康保险计划，以及儿童保健补贴。
+ 当一个项目或班级中有残疾或疑似残疾的儿童时，确保工作人员中有人了解早期干预或特殊教育服务。
+ 与其他社区组织（如家庭暴力、精神卫生和药物滥用机构）合作，解决弱势家庭的预防和治疗问题。
+ 在州和地方各层面同家长和其他团体一道加强宣传，以便做到以下几点：
  ◎ 提高家庭所需要的高质量儿童保育与教育的可获得性。
  ◎ 促进对家庭在经济和安全方面的支持，致力于共同议程，以重点关注存在最严重障碍的家庭，并满足其经济需求。

50 STRATEGIES FOR COMMUNICATING AND WORKING WITH DIVERSE FAMILIES

第八部分

有挑战的对话

策略 47　与经常抱怨的家长合作

教师需要知道什么

这里有一个爱抱怨的家长的例子：这位家长总是带着新的批评或抱怨来到校长办公室。她过去常找老师谈话，但他厌倦了。所以当她到来的时候他一直让自己表现得很忙。现在她去找校长了。这种情况并不少见。

在她的孩子还没到上学的年龄时，他就在照护中心，这位母亲的行为举止还是老样子。她总是向员工抱怨，并定期去找主管。工作人员经常开会讨论这位母亲的抱怨。为什么会有这些抱怨？

只有当你了解了父母的情况时，你才能决定该怎么做。这有助于思考父母（通常是母亲）是如何对他们年幼孩子的幸福负责的，这甚至包括他们日常护理中最私人的方面。当这种关爱从父母的手中被夺走时，比如由儿童照护中心或学校取代时，他们可能会感到沮丧，因为他们无法控制，甚至在某种程度上不知道事情为何会变成这样。当父母有责任但不负责时，这可能会给他们带来沉重的负担，因为他们必须把责任交给别人。

莱恩特·乌塔尔（Lynet Uttal，2002）做了一项民族志研究，研究对象是那些有孩子的母亲。她发现，除了其他事情外，为孩子选择保育与教育项目的责任落在了母亲的肩上，即使父亲或其他家庭成员是规划中的一部分。责任带来了犯错的可能。母亲们非常愿意相信自己的孩子得到了高质量的护理，但她们担心，也许自己做了一个糟糕的选择，孩子们的情况不是最好的。在大多数情况下，她们表现出了矛盾心理，它聚焦在如何监测和确保她们所做的安排是有质量的。对安全的担忧高居榜首。方案拟订和工作人员也是令人担心的问题。这些母亲经常想知道她们的孩子和专业人员之间的关系是怎样的？她们的孩子得到了怎样的照顾？如果她们的孩子哭了，没有人关注怎么办？那个孩子腿上的瘀伤是如何引起的？这个孩子是如何被管教的？还是没有纪律？这些问题沉重地压在接受乌塔尔采访的女性的心头。

当然，报纸上每一篇关于家庭托儿所或儿童中心疑似虐待儿童的文章都加剧了这种担忧。当孩子在家或在机构中没有得到很好的监护时，父母和其他家庭成员一定会问："是谁在照看孩子？"

在乌塔尔的研究中，母亲们对孩子们的离家经历有多放心，取决于她们和孩子的保育与教育专业人员的关系。乌塔尔明确表示，关系真的很重要。

这一条策略开头的故事里的母亲和托儿所工作人员的关系似乎并不是很好，或者后来和她孩子所在学校的老师的关系也并不好。"这是她自己的错"说起来很容易，但真的是吗？建立这种关系是谁的责任？在这个世界上，在子女的学校或其他保育与教育机构中，父母充其量可能觉得自己是客人，在最坏的情况下，他们可能觉得自己是入侵者或间谍，而专业人员则需要通过努力与每个人建立关系来帮助他们不这么认为。

所以让我们回顾一下总是批评和抱怨的母亲。也许抱怨的背后是担忧和挫折。对于孩子的离开，她可能会感觉内心矛盾，也可能会感到内疚。她的批评和抱怨是她让自己觉得自己在负责、在履行责任的方式吗？也许她觉得对孩子的责任不在她的掌控之中，她想要更多地参与其中，但除了对正在发生的事情持批评态度，她不知道如何参与其中。在这种情况下，教师可给她更多的选择权，让她参与一些事情。

另一种完全不同的解释可能是，这位家长觉得自己没有得到足够的关注。也许只有在她抱怨的时候才有人听她说话。她就像一个只有行为不当才会被人理睬的孩子。你不能一直忽视孩子或者父母。他们需要关注，他们正在以一种有效的方式获取关注。你必须向他们表示其他的方法也同样有效。在她不抱怨的时候给予她认可。这可能不容易，但正如我们可以通过在适当的时候给予孩子关注来改善他们的行为一样，我们也可以对成人做同样的事情。

另一种解释可能与多样性和她的文化实践有关。她是否担心这个项目的做法与她对孩子的期望不一致？她担心孩子在一个不支持家庭成员身份和家庭来源的项目中形成的身份认同吗？是否存在偏见问题？

教师能做什么

- 试着理解处在母亲的位置是怎样的。
- 检查你的项目、你的教室和你自己，看看你是否能发现任何你可能忽略的偏见。
- 通过主动联系来建立与她的关系，而不是在她主动联系时把她打发走。了解她。当你照顾孩子没那么忙的时候，想办法花点时间在她身上。如果你们开始以不同的方式相处，她的抱怨可能会减少一些。
- 认真对待她，试着让她在项目中有宾至如归的感觉。
- 试着让她参与进来帮忙。
- 把她介绍给其他家长。
- 与校长或主任讨论还能做些什么。
- 让其他员工参与进来。
- 试着有礼貌地保持界限。
- 如果需要，为自己寻求支持。

策略 48　与有敌意的家长一起工作

教师需要知道什么

让我们来看看一位经常生气、好斗、似乎怀有深深的敌意的家长。这是一位真正对许多早期教育专业人员提出挑战的家长。我们这些和小孩子一起工作的人可能倾向于对人友好，也希望别人友好——并非我们所有人都是这样，但这是一个人工作很长时间后才会有的感想。喜欢"美好事物"的教师、照护者和工作人员可能会放弃与他们认为有敌意的家长一起工作。有趣的是，大多数教师并不像他们对待家长那样轻易地放弃孩子。事实上，一些教师激励自己去面对一个有挑战性的孩子，然而他们却想要对一个愤怒的家长置之不理。有些人甚至想逃跑和躲避！更糟糕的是，有些人会因为曾经困难的经历而放弃所有的家长。

当一个看起来怀有敌意的人用他们文化中合适的方式表达自己时，多样性可能是一个问题。有时，甚至声调或说话的语调都可能会被来自不同文化或语言背景的人误解。一个人"一点都不生气"听起来可能是"他根本没有生气"的意思。

一些经常表现出敌意的人由于种族、民族出身或经济水平，终其一生都是偏见和歧视的目标。也许这就是你的处境。在这种情况下，它可以帮助你了解家长从哪里来，以便你更好地消除合作关系之间的障碍。

教师能做什么

- 避免给家长或其他人贴标签。标签会妨碍你与他人合作的能力。标签和刻板印象是相辅相成的。避免这两点。
- 审视自己的态度。你的偏见是什么？他们会陷入这种情况吗？
- 自我反省可以帮助你发现"投射"在强烈回应他人时所扮演的角色。有时候，我们不喜欢自己身上的某些特质，而恰恰这些特质就是别人身上困扰着我们的特质。这就是所谓的"投射"。有时我们甚至设法对自己隐藏这些特质。一旦你做了一些诚实的自我反省，你也许能更好地与他人沟通。
- 把你的感觉和家长的感觉分开，就像对待孩子一样。注意什么时候你会产生防御性或侵略性的感觉。如果你想和某人建立一种关系，那么对他的愤怒表示愤怒通常不是一种有效的回应。一个有经验的专业人员会学会对孩子的愤怒置身事外，不要把它当成针对个人的。大多数人都能认识到自己的情绪，而不会陷入其中。就像我们对待孩子一样，我们也可以学着为成人做些什么。
- 在大多数时候，生气的家长只是要发泄而已。倾听并把你听到的反馈给他们。找出问题所在，看看他们是否有解决办法。
- 如果需要，为自己寻找支持。不要一个人面对。
- 试着接受你认为有敌意的人的感受，如果可以的话，理解他们。不要看得过重，你并不是治疗师。但是要意识到，例如，家长强烈的情感可能出于对孩子的真正关心。她可能缺乏表达自己担忧的技巧，所以反而可能会用攻击来代替她在困扰她的事情上的自信。有时人们的行为与他们的感觉正好相反。自尊心低的人会表现出自负，感到无能为力的人会变得咄咄逼人，而害怕的人则会表现出愤怒。
- 要认识到强烈的情绪通常不是由什么触发的，而是有更深的根源。恐惧或悲伤很可能会表现为对某人的愤怒，而这个人也许与使他感到害怕的事情或因为某种损失而产生的悲伤没有任何关系。

- 你的职责是保持冷静，通过意识到妨碍沟通的因素来打开沟通的大门。例如：
  + 防御反应。
  + 争论。
  + 批评。
  + 分散注意力。
- 练习积极倾听——这是早期儿童教育者使用的一种由来已久的策略。积极倾听最初是为儿童设计的，但它对成人也很有效。这是一种认识情绪的方式，这样别人就会意识到你在接受他们，而不是批评或试图让他们走开。把你感觉到他们说的内容以及他们背后的感受，用不带评判的语言表达出来。关键是要精确。如果你说"你看起来很生气"，而这位家长对此很生气，那么你就没有抓住要点。但如果他（她）纠正了你，那么至少你已经开始沟通了。
- 要意识到，你花在与愤怒的家长共事上的时间和精力，可能会让你在愤怒的表象下遇到善良的人。

策略 49　与家长讨论行为变化

教师需要知道什么

让我们从一个例子开始。托德最近在课堂上表现不好。他过去很随和，能和每个人友好相处，但最近他变了很多。他拒绝遵守规则。他和每个人（包括老师在内）都争吵。他看起来总是很累，有时会坐着发呆。他一直是一个快乐、活跃的孩子，所以托德行为上的变化让他的老师很担心。她想知道这是不是他正在经历的一个阶段。也许他家里发生了什么事。老师决定和他的母亲谈谈。

和他的母亲交谈是一个好主意，但是如果谈话的目的是问家里发生了什么事情，以解释托德行为上的变化，那么老师应该重新考虑。这种理解儿童行为的方法在早期保育与教育中非常普遍，以至于大多数专业人员都不会三思而后行。

格林曼（2003）提倡不要以更好地了解孩子的名义窥探家长的私人生活。他说，"尊重家长的要求，除非这种情况是虐待或忽视，否则由家长决定他们要分享什么样的信息"（p. 317）。格林曼质疑这样一种观点，即教师有权了解家长的情况，而家长无权了解教师的私人生活。如果一名教师正在经历离婚，那么他是否应该通知家长——因为老师压力太大，家长们回家要观察孩子们的行为变化？如果由于学校里发生的事情，教师告知家长们要理解孩子们，并给予他们额外的关注，那么事情会怎样呢？

如果你看到一个孩子有压力，你真的需要知道为什么吗？如果你知道他压力的根源，你会对他另眼相看吗？为什么不能忽视其家里发生的事情，只管支持他并满足其需要呢？格林曼建议给处于压力中的孩子以灵活性、温暖和营养。例如，如果托德想谈谈他的感受，教师可以倾听。如果托德的家长主动来找老师，想要分享发生了什么，那么这和老师问的很不一样。以下是当看到孩子的行为发生变化时，你如何与家长相处的一些想法。

教师能做什么

- 做一个好的观察者。清楚有哪些变化，以及在什么情况下会发生变化。记录你所观察的。要注意客观性和描述性。
- 考虑孩子是否进入了一个新的发展阶段。如果是这样，那么其行为变化可能就是一个迹象。有时这只是一个等待的问题，直到一个孩子习惯了他（她）正在经历的一切。
- 如果可能的话，要以帮助孩子放松的方式来回应其行为。让他知道他有你的支持和理解。尽你所能地满足他的需要。
- 看看教室，看看是否有什么变化影响了孩子的行为。对于这些改变，你能做些什么吗？让事情尽可能可以预测。
- 如果你看到孩子在教室里感到有压力，就尽你所能地减轻这种压力。
- 要为孩子设立界限，但要用平静、温和的方式。看看你能不能让孩子在学校里更放松一些。尽你所能地满足他的需要。如果你确定他在教室里感到有压力，就减轻这种压力。
- 如果你让孩子的父母或其他家庭成员和你谈谈学校的情况，要准备好分享你的观察和你正在做的回应。报告哪些有效、哪些无效。听听任何关于如何应对这些行为的建议。
- 确保你的观察报告是不带评判性的。描述行为时不要对其进行

策略 49 与家长讨论行为变化

价值判断。

- 尊重家长的隐私权。不要问其家里发生了什么事。如果他们选择与你分享正在发生的事情,你要对这个信息保密。提供你的支持,运用最好的倾听技巧。不要对家长的处境提出建议。
- 如果家长还没有给你关于如何在学校里和她的孩子共处的建议,可以询问她,然后倾听她的想法。试一试。它们可能会发挥作用。
- 你可以做上面提到的所有事情,而不需要知道是否发生了父母离婚、父亲被解雇或在监狱里服刑、家里有一个刚出生的婴儿(尽管父母或孩子可能会主动与你分享这个消息),或奶奶刚去世、爷爷来和他们住在一起等情况。这些情况中的任何一种都可能导致孩子行为的改变。你可以在不知道原因的情况下接受孩子的改变。

策略 50　家庭虐待或忽视

教师需要知道什么

　　虐待和忽视是每个人都要面对的令人心碎的情况，然而，被虐待和忽视的受害儿童可能每天都会和他们的家长一起进入教室和早期保育与教育项目。虐待和忽视的法律界定因国家而异，但一般而言，虐待的特点是造成身体伤害或可能以其他方式伤害儿童。身体虐待包括打屁股，但只有当孩子因某种原因瘀血或受伤时才算。性虐待包括任何形式的性行为，在这种行为中，儿童被用来为犯罪者提供性满足。性侵犯还包括任何形式的性剥削，包括儿童色情。情感虐待比较难观察，但它与孩子的排斥、孤立或堕落有关。恐吓孩子是一种情感虐待。在某些情况下，即使忽视一个孩子也会被认为是情感虐待。情感虐待的范围很广，例如，允许儿童从事犯罪活动、忽视儿童对心理帮助的需要、言语虐待，以及使儿童面对家庭暴力。忽视属于另一种虐待，其特征是拒绝满足基本需求，包括拒绝给予关爱、关注或健康照护。

　　似乎虐待和忽视只发生在低收入家庭中，但事实并非如此。虐待和忽视发生在社会的各个层面，并更多地发生在残疾儿童身上。有一些风险因素需要考虑。当然，贫穷会导致压力，压力会导致虐待。家庭与他人的隔离可能是另一个风险因素。家长缺乏应对技巧或愤怒管理技巧可能会导致虐待。家庭中的健康问题可能会导致家长对孩子的忽视。孩子的性格也可能是虐待和忽视的一个因素。当这些因素共同

策略 50 家庭虐待或忽视

作用时，家庭就更容易受到伤害。了解与你一起共事的家长，可以帮助你指导一些人并在虐待发生之前提供支持，进而防止虐待。

任何与儿童打交道的人都有报告的职责——根据法律，这个人必须报告任何可疑的虐待或忽视。你不必证明，只需怀疑。如果你怀疑虐待，确保你有事实，并有怀疑的理由。你本人不要对家长做任何事。你的学校或项目可能有一个报告程序——这是第二步，即寻求权威人士（如主任、校长或学校社会工作者）的帮助。最后，有必要给当地的儿童保护机构打电话并报告虐待事件。

如果一些家长在被当局认定虐待他们的孩子后，被转介到你的项目中，你的工作就是和他们一起工作。你可能对他们的孩子和他们所经历的事情有感触。然而，你需要像对待其他家庭一样，以同样的开放、接纳和尊重来对待这些家庭。这可能是一个挑战，但这正是我们所需要的。从长远来看，每个人都会受益。

教师能做什么

- 意识到自己的感受和态度是很重要的。你可能会因为孩子受伤而对其父母或家庭成员感到愤怒，但你的工作是了解其父母或家庭成员，努力理解、尊重和支持他们。
- 与所有父母和父母的替代者（包括那些因为虐待或忽视而被转介的人）建立信任关系。这可能会特别困难，因为你是一名被授权的报告者，而且家长知道这一点。他们可能不认为你"站在他们这一边"。重要的是，你要像对待其他父母和家庭成员一样，努力与他们相处。保密是证明你值得信赖的一种方式。不要和别人谈论某个家庭。
- 你可能会认为，受虐待和被忽视的孩子不再觉得与家长（们）亲近。你的假设可能是错的。即使在极端虐待的情况下，依恋通常也会持续。你要非常小心，不要对孩子们说其父母的坏话。

告诉他们你支持他们和他们的父母。

- 帮助避免虐待的发生，方法如下：
  - 必要时提供支持，或寻求外部支持。如果父母因为虐待或忽视而被转介到你的项目中，很可能他们已经与一个支持小组建立了联系。对于其他有压力的家庭，你需要及时了解社区资源信息。知道家长热线、家庭支持中心、危机中心、家长支持小组、父母互诫会、咨询和家长教育项目的电话号码。预防是比发生虐待和忽视后再处理更好的方法。

这段内容选自幼儿园家长手册，是对法律规定标准的陈述，即早期保育与教育专业人员必须报告可疑的虐待儿童行为。在一些项目中，送孩子入学的家长被要求签署一份声明，声明中说，他们知道被怀疑虐待儿童的行为会被报告给当局。

菜单
　　每个月的菜单都会张贴在两个中心的厨房区域和入口附近的公告栏上。如果家长需要，我们可以提供菜单。

食物过敏
　　如果孩子有食物过敏，一定要通知我们。食物过敏会列在孩子的名牌前面，也会列在孩子的饮食区和冰箱上。
　　我们的许多菜单都可以做一些细微的修改，以满足过敏儿童的需要（例如，用不加奶酪或白面粉的玉米饼代替全麦的墨西哥卷饼）。对食物极度过敏的孩子的家长应该询问菜单，以确定自己的孩子哪天不能吃正在供应的食物。在那一天，家长需要给孩子带一份主菜。家长应该将相关情况标记在菜单上并将其交给工作人员。

其他过敏
　　养宠物和有规律的户外游戏是我们日常课程的一部分。如果您的孩子有严重过敏的情况，请告知我们。

虐待儿童
　　儿童发展中心的所有员工都有义务报告他们在职业生涯中或在工作范围内发现的涉嫌虐待儿童、精神折磨或危及儿童情绪健康的事件。
　　为保证孩子们的安全和健康，我们希望与所有的成人一起工作，无论他们是家长、工作人员还是与我们中心有关的学生。其他有用信息可从康科德的家庭压力中心（925/827-0212）或康特拉科斯塔县儿童虐待预防委员会（925/946-9561）获取。

- 为提高家长的技能提供建议,比如,使用解决问题的策略来指导孩子,而不是体罚孩子。
- 在课堂上与孩子们一起以非暴力和非侵略性的方式解决冲突。
- 与缺乏社交技能的孩子一起提高社交能力。一些孩子的行为使他们在有其他危险因素的家庭中处于被虐待的危险中。

参 考 文 献

Allen, J. (2007). *Creating welcoming schools: A practical guide to home-school partnerships with diverse families.* New York: Teachers College Press.

American Academy of Family Physicians. (2003). *Definition of Family.* Retrieved January 15, 2009.

American Psychological Association Online. (2004). *What is sexual orientation?* Retrieved February 10, 2009.

Anderson, S., & Sabatelli, R. (2007). *Family interaction: A multigenerational perspective* (4th ed.). Boston: Allyn & Bacon.

Baker, A. C., & Manfredi-Petitt, L. A. (2004). *Relationships, the heart of quality care: Creating community among adults in early care settings.* Washington, DC: National Association for the Education of Young Children.

Balaban, N. (2006). *Everyday goodbyes: Starting school and early care, a guide to the separation process.* New York: Teachers College Press.

Ballenger, C. (1992, Summer). Because you like us: The language of control. *Harvard Educational Review, 62*(2), 199-208.

Barrera, I., & Corso, R. (2003). *Skilled dialogue.* Baltimore, MD: Brookes.

Basso, K. (2007). To give up on words: Silence in Western Apache culture. In L. Monaghan & J. E. Goodman (Eds.), *A cultural approach to interpersonal communication* (pp. 77-87). Malden, MA: Blackwell.

Bead, C. (2011, March/April). The importance of fathers in the lives of their children. *Exchange, 33*(2, Serial No. 198), 52-54.

Bennett, T. (2007). *Mapping family resources and support: Spotlight on young children and families.* Washington, DC: National Association for the Education of Young Children.

Bisson, J. (2002). *Celebrate: An antibias guide to enjoying holidays in early childhood programs.* St. Paul, MN: Redleaf Press.

Bisson, J. (2008). Holiday lessons learned in an early childhood classroom. In A. Pelo (Ed.), *Rethinking early childhood education* (pp. 165-170). Milwaukee, WI: Rethinking Schools.

Bloom, P. J., Eisenberg, P., & Eisenberg, E. (2003, Spring/Summer). Reshaping early childhood programs to be more family responsive. *America's Family Support Magazine,* 36-38.

Bodrova, E. and Leong, D. J. (2007). *Tools of the mind: The Vygotsky approach to early childhood education* (2nd ed.). Upper Saddle River, NJ: Pearson/Merrill Prentice Hall.

Brand, S. (1996, January). Making parent involvement a reality: Helping teachers develop partnerships with parents. *Young Children, 51*(2), 76-81.

Brault, L., & Brault, T. (2005). *Children with challenging behavior.* Phoenix, AZ: CPG Publishing.

Brault, L. M. V. (2007). *Making inclusion work: Strategies to promote belonging for children with special needs in child care settings.* Sacramento, CA: California Department of Education.

Bravo, E. (2008). It's all of our business: What fighting for family-friendly policies could mean for early childhood educators. In A. Pelo (Ed.), *Rethinking early childhood education* (pp. 197-200). Milwaukee, WI: Rethinking Schools.

Bredekamp, S. (2003). Resolving contradictions between cultural practices. In C. Copple (Ed.), *A world of difference.* Washington, DC: National Association for the Education of Young Children.

Bredekamp, S., & Copple, C. (1997). *Developmentally appropriate practice in early childhood programs* (2nd ed.). Washington, DC: National Association for the Education of Young Children.

Brooks, D. (2011, April). *The social animal: A story of how success happens.* London: Short Books.

Bruno, H. E. (2005, September). At the end of the day: Policies, procedures and practices to ensure smooth transitions. *Exchange, 16,* 66-69.

Burchinal, M., Jurgens, J., & Roberts, J. (2005). The role of home literacy practices and preschool children's language and emergent literacy skills. *Journal of Speech, Language, and Hearing Research, 48*(2), 345-59.

Caldwell, B. (2003). Advocacy is everybody's business. In B. Neugebauer & R. Neugebauer (Eds.), *The art of leadership* (pp. 46-48). Redmond, WA: Exchange Press.

Cappola, J. (2005). English language learners: Language and literacy development during the preschool years. *New England Reading Association Journal, 41*(2), 18-23.

Carroll, K. (2007). *A guide to great field trips.* Chicago: Zephyr.

Caspe, M. (2003). *Family literacy: A review of programs and critical perspectives.* Cambridge, MA: Harvard Family research Project.

Casper, V. (2003). Very young children in lesbian- and gay-headed families: Moving beyond acceptance. *Zero to Three, 23*(3), 18-26.

Chao, R. (1994). Beyond parental control and authoritarian parenting style: Understanding Chinese parenting through the cultural notion of training. *Child Development, 65,* 1111-1119.

Charmian, K. (2007). Childhood bilingualism: Research on infancy through school age. *Literacy, 41*(2), 110-111.

Children's Defense Fund. (2011). *The state of America's children.* Washington, DC.

Clay, J. (2004). Creating safe, just places to learn for children of lesbian and gay parents: The NAEYC Code of Ethics in action. *Young Children, 59*(6), 34-38.

Cohen, B. (2008, July/August). Communicating with parents about food allergies. *Exchange, 182,* 61-65.

Colabucci, L., & Conley, M. D. (2008). What makes a family: Representations of adoption in children's literature. In T. Turner-Vorbeck & M. M. Marsh (Eds.), *Other kinds of families: Embracing diversity in schools* (pp. 139-160). New York: Teachers College Press.

Copple, C., & Bredekamp, S. (2009) *Developmentally appropriate practice in early childhood programs serving children birth through age 8* (3rd ed.). Washington, DC: National Association for the Education of Young Children.

Copple, C., Bredekamp, S., & Gonzalez-Mena, J. (2011). *Basics of developmentally appropriate practice: An introduction for teachers of infants and toddlers.* Washington, DC: National Association for Education of Young Children.

Council on Interracial Books for Children. (2008). 10 quick ways to analyze children's books for racism and sexism. In A. Pelo (Ed.), *Rethinking early childhood education* (pp. 211-214), Milwaukee, WI: Rethinking Schools.

Covey, S. R. (2012). Foreword. In K. Patterson, J. Grenny, R. McMillan, & A. Switzler, *Crucial conversations* (pp. xi-xv). New York: McGraw-Hill..

Dowhey, M. (2008). Heather's moms got married. In A. Pelo (Ed.), *Rethinking early childhood education* (pp. 177-179). Milwaukee, WI: Rethinking Schools.

Curtis, D., & Carter, M. (2003). *Designs for living and learning.* St. Paul, MN: Redleaf Press.

Daper, L., & Duffy, B. (2001). Working with parents. In G. Pugh (Ed.), *Contemporary issues in the early years: Working collaboratively for children.* London: Paul Chapman Publishing.

Darragh, J. (2008, July/August). Access and inclusion: Ensuring engagement in EC environments. *Exchange, 182,* 20-23.

Derman-Sparks, L. (2008). Why an antibias curriculum? In A. Pelo (Ed.), *Rethinking early childhood education* (pp. 7-12). Milwaukee, WI: Rethinking Schools.

Derman-Sparks, L. (2011, July/August). Anti-bias education. *Exchange. 33*(4, Serial No. 200), 55-58.

Derman-Sparks, L., & Olsen Edwards, J. (2010). *Anti-bias education for ourselves and others.* Washington, DC: National Association for the Education of Young Children.

DeVol, P. E., Payne, R. K., & Smith, T. D. (2002). *Bridges out of poverty: Strategies for professionals and communities* (revised edition). Highlands, TX: Process, Inc.

DeWeese-Parkinson, C. (2008). Talking the talk: Integrating indigenous languages into a Head Start classroom. In A. Pelo (Ed.), *Rethinking early childhood education* (pp. 175-176). Milwaukee, WI: Rethinking Schools.

Diffily, D. (2001, Summer). Family meetings: Teachers and families build relationships. *Dimensions of Early Childhood,* 5-9.

DiNatale, L. (2002, September). Developing high-quality family involvement programs in early childhood settings. *Young Children. 57*(5), 90-95.

Donohue, C. (2010, September/October). There's an app for (almost) everything: New technology tools for early childhood professionals–Part 2. *Exchange,* Serial No. *195,* 78-82.

Dubosarky, M., Murphy, B., Roehrig, G., Frost, L. C., Jones, J.,... Bement, J. (2011, September). Animosh tracks on the playground, minnows in the sensory table: Incorporating cultural themes to promote preschoolers' critical thinking in American Indian Head Start classrooms. *Young Children. 66*(5), 20-29.

Edelman, M. W. (2003, October 19). Children in America: A report card. Interview in *Parade Magazine,* p. 13.

Eggers-Pierola, C. (2005). *Connections and commitments: A Latino-based framework for early childhood educators.* Portsmouth, NH: Heinemann.

Ehrlich, B. (n.d.) Look who's blogging [STATS]. *Social Media News and Web Tips–Maskable –The Social Media Guide.* Retrieved July 27, 2010.

Eisaguirre, L. (2007). *Stop pissing me off!* Cincinnati, OH: Adams Media.

Ellison, S. (2009). *Taking the war out of our words: The art of powerful nondefensive communication* (4th ed.). Deadwood, OR: Wyatt MacKensie.

Epstein, J. L. (2001). *School, family, and community partnerships: Preparing educators and improving schools.* Boulder, CO: Westview.

Epstein, J. L. (Ed.). (2008). *School, family, and community partnerships: Your handbook for action* (3rd ed.). Los Angeles: Corwin.

Fernandez, M. T., & Marfo, K. (2005). Enhancing infant-toddler adjustment during transitions to care. *Zero to Three, 26,* 41-48.

Fitzgerald, D. (2004). *Parent partnership in the early years.* London: Continuum.

Galinsky, E. (2010). *Mind in the making: The seven essential life skills every child needs.* New York: HarperCollins.

Garner, A. (2004). *Families like mine: Children of gay parents tell it like it is.* New York: HarperCollins Publishers.

Gartrell, D. (2004). *The power of guidance.* Washington, DC: National Association for the Education of Young Children.

Geelen, A. (2009, January). Investigating nature in New Zealand. *Wonder: Tawa Montessori School strives for "hundred-acre wood" in the backyard, 1*(2), 1-3.

Gelnaw, A., Brickley, M., Marsh, H., & Ryan, D. (2004). *Opening doors: Lesbian and gay parents and schools.* Washington, DC: Family Pride Coalition.

Gestwicki, C. (2004). *Home, school, and community relations: A guide to working with parents.* Albany, NY: Thompson Delmar.

Gies, E. (2008, Fall/Winter). Playing it smart! *Land and People, 20*(2), 24-31.

Goldberg, R. J., Haugen, K., Sivanathan, A., & Spakota, R. D. (2011, September/October). World forum working group report on inclusion. *Exchange, 33*(55, Serial No. 201), 56.

Gonzalez, J. E., Uhing, B. M. (2008). Home literacy environment and young Hispanic children's English and Spanish oral language: A communality analysis. *Journal of Early Intervention, 30*(2), 116-139.

Gonzalez-Mena, J. (2002, January/February). Personal power: Creating new realities. *Child Care Information Exchange, 143,* 59-62.

Gonzalez-Mena, J. (2004, September). What can an orphanage teach us? Lessons from Budapest. *Young Children, 60*(5), 26-29.

Gonzalez-Mena, J. (2007, May/June). Thinking about thinking: How can I get inside your head? *Exchange, 175,* 50-52.

Gonzalez-Mena, J. (2008a). *Diversity in early care and education: Honoring differences* (5th ed.). New York: McGraw-Hill.

Gonzalez-Mena, J. (2008b). *Foundations of early childhood education in a diverse society* (4th ed.). New York: McGraw-Hill.

Gonzalez-Mena, J. (2012). *Child, family and community: Family-centered early care and Education.* Upper Saddle River, NJ: Pearson.

Gonzalez-Mena, J., & Eyer, D. (2012). *Infants, toddlers, and caregivers* (9th ed). New York: McGraw-Hill.

Gonzalez-Mena, J., & Shareef, I. (2005, November). Discussing diverse perspectives on guidance. *Young Children. 60*(6), 34-38.

Gonzalez-Mena, J., & Stonehouse, A. (2003, July/August). High-maintenance parent or parent partner? Working with a parent's concern. *Child Care Information Exchange,* 16-18.

Gonzalez-Mena, J., & Stonehouse, A. (2008). *Making links: A collaborative approach to planning and practice in early childhood programs* (American ed.). New York: Teachers College Press.

Greenman, J. (2003). Places for childhood include parents too. In B. Neugebauer & R. Neugebauer (Eds.), *The art of leadership.* Redmond, WA: Exchange Press.

Greenman, J., Schweikert, G., & Stonehouse, A. (2008). *Prime times: A handbook for excellence in infant and toddler programs* (2nd ed.). St. Paul, MN: Readleaf Press.

Greenman, M. (2011, March/April). The family partnership. *Exchange, 33*(2, Serial No. 198), 46-48.

Grefsrud, S. (2011, March/April). Room at the table: Parent engagement in Head Start. *Exchange, 33*(2, Serial No. 198), 57-59.

Haight, W. L., & Carter-Black, J. (2004). His eyes on the sparrow: Teaching and learning in an African American church. In E. Gregory, S. Long, & D. Volk (Eds.), *Many pathways to literacy: Young children learning with siblings, grandparents, peers and communities* (pp. 195-207). London: Routledge.

Hale-Benson, J. (1986). *Black children: Their roots, culture and learning styles.* Baltimore, MD: Johns Hopkins University Press.

Hall, E. T. (1981). *Beyond culture.* Garden City, NY: Anchor Press/ Doubleday.

Hall, E. T. (1959). *The silent language.* New York: Fawcett.

Haynes-Lawrence, D. (2009, January/February). Crisis nurseries: Emergency services for children and families in need. *Exchange, 185,* 16-20.

Healy, J. (2008). Cybertots: Technology and the preschool child. In A. Pelo (Ed.), *Rethinking early childhood education* (pp. 75-84). Milwaukee, WI: Rethinking Schools.

Healy, J. M. (2011, March/April). Brain readiness: Impacting readiness–Nature and nurture. *Exchange, 33*(2, Serial No. 198), 18-21.

Hernandez, L., & Smith, C. J. (2009, January/February). Disarming cantankerous people: Coping with difficult personalities in the ECE work settings. *Exchange, 185,* 12-14.

Hillman, C. B. (2011, November/December). Home visits: Building relationships by revisiting home visits. *Exchange, 33*(6, Serial No. 202), 80-85.

Hird, J. (2010, January, 29). 20+ mind-blowing social media statistics revisited, Econsultancy. *Community of digital marketing and ecommerce professionals.* Retrieved July, 27, 2010.

Hooks, B. (2003). *Rock my soul: Black people and self-esteem.* New York: Atria.

Horn, W., & Sylvester, T. (2005). *Father facts* (4th ed.). Germantown, MD: National Fatherhood Initiative.

Hudson, R. A. (2007). Speech communities. In L. Monaghan & J. E. Goodman (Eds.), *A cultural approach to interpersonal communication* (pp. 212-217). Malden, MA: Blackwell.

Jacobson, T. (2003). *Confronting our discomfort: Clearing the way for antibias in early childhood.* Portsmouth, NH: Heinemann.

Jones, E. (2007). *Teaching adults revisited: Active learning for early childhood educators.* Washington, DC: National Association for the Education of Young Children.

Jones, E., & Cooper, R. (2006). *Playing to get smart.* New York: Teachers College Press.

Kaiser, B., & Rasminsky, J. S. (2003). *Challenging behavior in young children: Understanding, preventing, and responding effectively.* Boston: Allyn and Bacon.

Keeler, R. (2009, January/February). A spring playscape project: Building a tree circle. *Exchange, 185,* 70-71.

Kelley, S., & Whitley, D. (2007). *Grandparents raising grandchildren: A call to action.* Washington, DC: U.S. Census Bureau.

Kitayama, S., Markus, H., & Matsumoto, H. (1995). Culture, self, and emotion: A cultural perspective on "self-conscious" emotions. In J. P. Tangeny & K. W. Fischer (Eds.), *Self-conscious emotions: The psychology of shame, guilt, embarrassment, and pride.* New York: Guilford Press.

Klug, B. (2011). Daring to teach: Challenging the Western narrative of the American Indians in the classroom. In J. Landsman (Ed.), *White teachers/ Diverse classrooms* (2nd ed.). Sterling, VA: Stylus.

Kreidler, W. J., & Whitall, S. (2003). Resolving conflict. In C. Copple (Ed.), *A world of difference: Readings on teaching children in a diverse society* (pp. 52-56). Washington, DC: National Association for the Education of Young Children.

Kroeger, J. (2008). Doing the difficult: Schools and lesbian, gay, bisexual, transgendered, and queer families. In T. Turner-Vorbeck & M. M. Marsh (Eds.), *Other kinds of families: Embracing diversity in schools* (pp. 121-138). New York: Teachers College Press.

Kuby, C. R. (2011, September). Humpty Dumpty and Rosa Parks: Making space for critical dialogue with 5- and 6-year-olds. *Young Children. 66*(5), 36-43.

Lee, L. (2004). *Stronger together: Family support and early childhood education.* San Rafael, CA: Parent Services Project.

Lesser, L. K., Burt, T., & Glenaw, A. (2005). *Making room in the circle: Lesbian, gay, bisexual and transgender families in early childhood settings.* San Rafael, CA: Parent Services Project.

Levine, J. A. (1993a). *Getting men involved: Strategies for early childhood programs.* New York: Scholastic.

Levine, J. A. (1993b). Involving gathers in Head Start: A framework for public policy and program development. *Families in Society, 74*(1), 4-19.

Lieberman, A. F., Compton, N. C., Van Horn, P., & Ippen, C. G. (2003). *Losing a parent to death in the early years.* Washington, DC: Zero to Three.

Logue, M. E., Shelton, H., Cronkite, D., & Austin, J. (2007, March). Family ties: Strengthening partnerships with families through toddlers' stories. *Young Children, 62*(2), 85-87.

Lopez, E. J., Salas, L., & Flores, J. P. (2005, November). Hispanic preschool children: What about assessment and intervention? *Young Children, 60*(6), 48-54.

Louv, R. (2008a). Don't know much about natural history: Education as a barrier to nature. In A. Pelo (Ed.), *Rethinking early childhood education* (pp. 133-136). Milwaukee WI: Rethinking Schools.

Louv, R. (2008b). *Last child in the woods: Saving our children from nature-deficit disorder.* Chapel Hill, NC: Algonquin Books of Chapel Hill.

Maltz, D. N., & Borker, R. A. (2007). A cultural approach to male-female miscommunication. In L. Monaghan & J. E. Goodman (Eds.), *A cultural approach to interpersonal communication* (pp. 77-87). Malden, MA: Blackwell.

Marks, I. (2008). Wards of wisdom: Foster youth on a path toward post-secondary education. In T. Turner-Vorbeck & M. M. Marsh (Eds.), *Other kinds of families: Embracing diversity in schools* (pp. 81-102). New York: Teachers College Press.

Martin, J. (2009, January/February). Using the principles of intentional teaching to communicate effectively with parents. *Exchange, 185,* 53-56.

Maschinot, B. (2008). *The changing face of the United States: The influence of culture on child development.* Washington, DC: Zero to Three.

McDermont, L. B. (2011, September). Play school: Where children and families learn and grow together. *Young Children. 66*(5), 81-86.

McGinnis, M. H., Getskow, V., & Dicker, B. S. (2012, March/April). Parental rights and authorization: Parental rights and release authorization. *Exchange, 34*(2, Serial No. 204), 16-18.

McWilliams, S. M., Maldonado-Mancebo. T., Szczpaniak, P. S., & Jones, J. (2011, November). Supporting native Indian preschoolers and their families: Family-school-community partnerships. *Young Children, 66*(6), 34-41.

Meisels, S. J., & Atkins-Burnett, S. (2005). *Developmental screening in early childhood.* Washington, DC: National Association for the Education of Young Children.

Men in Education Network (MEN) Interest Forum. (2011, September). On our minds. Men in teaching: Gender equality through the promise of gender balance. *Young Children. 66*(5), 64-66.

Milagros, S. R., Fetting, A., Shaffer, S. (2011, September). Helping families connect literacy with social-emotional development. *Young Children, 66*(5), 88-93.

Miller, K. (2005). *Simple transitions for infants and toddlers.* Beltsville, MD: Gryphon House.

Moerman, M. (2007). Talking culture: Ethnography and conversation analysis. In L. Monaghan & J. E. Goodman (Eds.), *A cultural approach to interpersonal communication* (pp. 119-127). Malden, MA: Blackwell.

Monaghan, L. (2007). Conversations: The link between words and the world. In L. Monaghan & J. E. Goodman (Eds.), *A cultural approach to interpersonal communication* (pp. 145-149). Malden, MA: Blackwell.

Monaghan, L., & Goodman, J. E. (Eds.). (2007). *A cultural approach to interpersonal communication.* Malden, MA: Blackwell.

National Education Association (NEA). (2010). *NEA focus on American Indians and Alaska natives: Charting a new course on native education, focus on 2010-2011.*

Negri-Pool, L. L. (2008). Welcoming Kalenna: Making our students feel at home. In A. Pelo (Ed.), *Rethinking early childhood education* (pp. 161-169). Milwaukee, WI: Rethinking Schools.

Neubauer, B. (2009, July/August). Celebrating Mother Nature. *Exchange, 182,* 18-19.

Neugebauer, A. (2010, July/August). Going green: Revisiting the power of the individuals. *Exchange, 32*(4, Serial No. 194), 72-73.

North, M., Durekas, T., Siegel, B., & Sisbarro, A. (2009, January/ February). The ins and outs of transporting children on field trips. *Exchange, 185,* 84-85.

Nyman, S. I. (2003). Mentoring advocates in the context of early childhood education. In B. Neugebauer & R. Neugebauer (Eds.), *The art of leadership* (pp. 54-57). Redmond, WA: Exchange Press.

Olds, J., & Schwartz, R. S. (2009). *The lonely American: Drifting apart in the twenty-first century.* Boston: Beacon Press.

Olson, M. (2007, March). Strengthening families: Community strategies that work. *Young Children, 62*(2), 26-32.

Palmer, P. (1997). *The courage to teach.* San Francisco: Jossey-Bass.

Parent Services Project (PSP). (2001). *Working together for children and families* [Brochure]. San Rafael, CA.

Parlakian, R. (2001). *The power of question: Building quality relationships with families* [Brochure]. Washington, DC: Zero to Three.

Pelo, A. (2008) A pedagogy for ecology. In A. Pelo (Ed.), *Rethinking early childhood education* (pp. 123-130). Milwaukee, WI: Rethinking Schools.

Pelo, A. (2008). Bringing the lives of lesbian and gay people into our programs. In A. Pelo (Ed.), *Rethinking early childhood education* (pp. 180-182). Milwaukee, WI: Rethinking Schools.

Pelo, A. (Ed.). (2008). *Rethinking early childhood education.* Milwaukee WI: Rethinking Schools.

Perry, B. (2006). Applying principles of neurodevelopment to clinical work with maltreated and traumatized children. In. N. B. Webb (Ed.), *Working with traumatized youth in child welfare* (pp. 27-52). New York: Guilford Press.

Perry, G. (2011, March). New books. [Transitions for young children: Creating connections across early childhood systems]. *Young Children, 2*(66), 104.

Petrie, S., & Owen, S. (2005). *Authentic relationships in group care for infants and toddlers: Resources for Infant Educarers (RIE) principles into practice.* London: Jessica Kingsley Publishers.

Phillips, C. B. (1995). Culture: A process that empowers, In Magione, P, (Ed.), *Infant/Toddler Caregiving: A Guide to Culturally Sensitive Care* (pp. 2-9). Sacramento, CA: California Department of Education and WestEd.

Pollan, M. (2008). *In defense of food.* New York: Penguin Press.

Pope, J., & Seiderman, E. (2001, Winter). The childcare connection. *Family Support, 19*(4), 24-35.

Prieto, H. V. (2009, January). One language, two languages, three languages ... more? *Young Children, 64*(1), 52-53.

Ramirez, A. Y. (2008). Immigrant families and schools: The need for a better relationship. In T. Turner-Vorbeck & M. M. Marsh (Eds.), *Other kinds of families: Embracing diversity in schools* (pp. 28-45). New York: Teachers College Press.

Ramirez, C. (2008). Strawberry Fields Forever? An early childhood teacher draws on her past to teach children of migrant farmworkers. In A. Pelo (Ed.), *Rethinking early childhood education* (pp. 171-174). Milwaukee, WI: Rethinking Schools.

Reich, K., & Sylvester K. (2002). *Making fathers count: Assessing the progress of responsible fatherhood efforts.* Baltimore, MD: Annie E. Casey Foundation.

Rieger, L. (2008). A welcoming tone in the classroom: Developing the potential of diverse students and their families. In T. Turner-Vorbeck & M. M. Marsh (Eds.), *Other kinds of families: Embracing diversity in schools* (pp. 64-79). New York: Teachers College Press.

Riojas-Cortez, M. (2011, September). Culture, play, and family: Supporting young children on the autism spectrum. *Young Children. 66*(5), 94-99.

Rishel, T. J. (2008). From the principal's desk: Making the school environment more inclusive. In T. Turner-Vorbeck & M. M. Marsh (Eds.), *Other kinds of families: embracing diversity in schools* (pp. 46-63). New York: Teachers College Press.

Ritter, J. (2007, March). Tips for starting a successful community partnership. *Young Children, 62*(2), 38-40.

Roberts, J. J., & Burchinal, M. (2005). The role of home literacy practices and preschool children's languages and emergent literacy skills. *Journals of Speech, Language, and Hearing Research, 48*(2), 345-359.

Robinson, A., & Stark, D. R. (2002). *Advocates in action: Making a difference for young children.* Washington, DC: National Association for the Education of Young Children.

Rogoff, B. (2003). *The cultural nature of human development.* New York: Oxford University Press.

Rosenkoetter, S., & Knapp-Philo, J. (Eds.). (2006). *Learning to read the world: Language and literacy in the first three years.* Washington, DC: Zero to Three.

Rothstein-Fisch, C. (2003). *Bridging cultures: Teacher education module.* Mahwah, NJ: Erlbaum.

Russell, G. M. (2004). Surviving and thriving in the midst of antigay politics. *The Policy Journal of the Institute for Gay and Lesbian Strategic Studies, 7*(20), 1-7.

Seiderman, E. (2003). Putting all the players on the same page: Accessing resources for the child and family. In B. Neugebauer & R. Neugebauer (Eds.), *The art of leadership* (pp. 58-60). Redmond, WA: Exchange Press.

Shonkoff, J., & Phillips, D. (Eds.). (2000). *From neurons to neighborhoods: The science of early childhood development.* Washington, DC: National Academy Press.

Simon, F. (2011, September/October). Social media: Everyone is doing it! Managing social media in the early childhood ecosystem. *Exchange, 33*(5, Serial No. 201), 12-16.

Simons, K. A., & Curtis, P. A. (2007, March). Connecting with communities: Four successful schools. *Young Children, 62*(2), 12-20.

Snowden, L. J. (1984). *Towards evaluation of black psycho social-competence* in Stanley, S. and Thom Moore, (Eds.). *The Pluralistic Society,* New York: Human Sciences Press.

Social networking/Pew Research Center's Internet & American Life Project, (n.d.). Retrieved July 27, 2010.

Souto-Manning, M. (2010, March). Family involvement: Challenges to consider, strengths to build on. *Young Children, 65*(2), 82-89.

Stephens, K. (2010, July/August). Parent relationships: Building relationships—What parents can teach us about their children. *Exchange, 32*(4, Serial No. 194), 38-40.

Stonehouse, A. (2011, March/April). Moving from family participation to partnerships: Not always easy; always worth the effort. *Exchange, 33*(2, Serial No. 198), 48-51.

Stroll, J., Hamilton, A., Oxley, E., Eastman, A. M., & Brent, R. (March, 2012). Young thinkers in motion: Problem solving and physics in preschool. *Young Children. 67*(2), 20-26.

Sullivan, D. (2010). *Learning to lead.* St. Paul, MN: Redleaf Press.

Tabors, P. O. (2008). *One child, two languages* (2nd ed.). Baltimore, MD: Brookes.

Tannen, D. (2007). Conversational signals and devices. In L. Monaghan, & J. E. Goodman (Eds.), *A cultural approach to interpersonal communication* (pp. 150-160). Malden, MA: Blackwell.

Thaxton, S. M. (2003). Grandparents as parents: Understanding the issues. In B. Neugebauer & R. Neugebauer (Eds.), *The art of leadership* (pp. 323-325). Redmond, WA: Exchange Press.

Thoennes, T. (2008). Emerging faces of homelessness: Young children, their families, and schooling. In T. Turner-Vorbeck & M. M. Marsh (Eds.), *Other kinds of families: Embracing diversity in schools* (pp. 162-176). New York: Teachers College Press.

Tobaissen, D. P., & Gonzalez-Mena, J. (1998). *A place to begin: Working with parents on issues of diversity.* Oakland, CA: California Tomorrow.

Trumbull, E., Diaz-Meza, R., Hasan, A., & Rothstein-Fisch, C. (2001). *Five-year report of the Bridging Cultures Project: 1996-2000.* San Fran-cisco: WestEd. Retrieved January 28, 2005.

Trumbull, E., & Farr, B. (2005). *Language and learning: What teachers need to know.* Norwood, MA: Christopher-Gordon.

Turnbull, A., & Turnbull, R. (2001). *Families, professionals, and exceptionality: Collaborating for empowerment* (4th ed.). Upper Saddle River, NJ: Merrill/Prentice Hall.

Turner-Vorbeck, T., & Marsh, M. M. (2008). *Other kinds of families: Embracing diversity in schools.* New York: Teachers College Press.

Unell, B. C., & Wyckoff, J. L. (2000). *The eight seasons of parenthood. How the stages of parenting constantly reshape our adult identities.* New York: Time Books.

United States Department of Heath and Human Services (U.S. DHHS). (2008). *Child developmental services during home visits and socializations in the early Head Start home-based programs.*

Uttal, L. (2002). *Making care work: Employed mothers in the new childcare market.* New Brunswick, NJ: Rutgers University Press.

Vygotsky, L. (1978). *Mind in society: The development of higher psychological processes.* Translated by Cole, M. Boston: Harvard University Press.

Warren, C. (n.d.). Moms on Facebook are savvy to marketers [STATS]. *Social Media News and Web Tips-Mashable-The Social Media Guide.*

Wee, W. (2010, March 19). The social media age distribution [STATS].

Wood, K., & Youcha, V. (2009). *The ABC's of the ADA: Your early childhood program guide to the American's with Disabilities Act.* Baltimore: Brookes.

Woolum, K. (2011, March/April). Taking your time with families. *Exchange, 33*(2, Serial No. 198), 55-56.

Yoshida, H. (2008, November). The cognitive consequences of early bilingualism. *Zero to Three, 29*(2), 26-30.

Zepeda, M., Gonzalez-Mena, J., Rothstein-Fisch, C., & Trumbull, E. (2006). *Bridging cultures in early care and education: A training module.* Mahwah, NJ: Erlbaum.

万千教育 学前教育类书目

书号	书名	著、译者	定价(元)
幼儿园家长工作指导			
2345	幼儿成长揭秘——常见问题分析与家园共育策略	王普华 等 著	48.00
1934	幼儿教师与家长沟通之道（第二版）	晏红 著	46.00
364	幼儿园家长工作技能与艺术	莫源秋 编著	45.00
806	破解家园沟通的44个难题	胡剑红 主编	35.00
9610	幼儿教师的家长工作技巧	张春炬 主编	34.00
9592	幼儿园家长开放日活动设计与实践指导	卢筱红 主编	25.00
9322	幼儿园家庭教育指导形式与方法	晏红 著	34.00
幼儿园家长工作指导合计			267.00
幼儿园教师教育技能与活动指导			
2096	让幼儿都爱听你说（第二版）	马希武 等 译	36.00
1707	有力的师幼互动	王连江 译	36.00
9903	幼儿教师与幼儿有效互动策略	莫源秋 等 编著	35.00
1197	幼儿教育中的心理效应	莫源秋 等 编著	32.00

9950	让幼儿都爱听你说 ——幼儿教师说话的艺术	马希武 等 译	20.00
8953	幼儿教师实用教育教学技能	莫源秋 等 著	30.00
784	幼儿教师必须掌握的教育技巧	莫源秋 著	35.00
193	跟蒙台梭利学做快乐的幼儿教师	刘 文 主编	58.00
7511	做幼儿喜爱的魅力教师	莫源秋 著	25.00
7303	老师，你在听吗？ ——幼儿教育活动中的师幼对话	汪寒鹭 等 译	28.00
幼儿园教师教育技能与活动指导合计			**335.00**

幼儿心理与发展指导

2205	幼儿行为管理的方法与策略	莫源秋 著	46.00
1779	幼儿情绪管理的方法与策略	莫源秋 著	48.00
9496	透视幼儿心理世界 ——给幼儿教师和家长的心理学建议	冯夏婷 主编	36.00
0783	透视0—3岁婴幼儿心理世界 ——给教师和家长的心理学建议	冯夏婷 主编	38.00
0183	幼儿常见心理行为问题：诊断与教育	莫源秋 著	38.00
6608	幼儿心理健康教育	刘 文 编著	25.00
幼儿心理与发展指导合计			**231.00**

幼儿行为观察与应对指导

2308	0—8岁儿童纪律教育 ——给教师和家长的心理学建议（第七版）	蔡 菌 译	72.00
9138	幼儿行为的观察与记录（第五版）	马 燕 等 译	32.00
2045	幼儿问题行为的识别与应对 ——给家长的心理学建议（第二版）	冯夏婷 主编	58.00

7797	幼儿问题行为的识别与应对（教师篇）（第6版）	王玲艳　等　译	38.00
1262	幼儿活动档案记录与解读（第二版）	马　燕　等　译	46.00
幼儿行为观察与应对指导合计			**246.00**
	幼儿园教师教学技能与活动指导		
2253	理解儿童心理从绘画开始（全彩）	陈　侃　著	38.00
0760	幼儿园备课·说课·听课·评课	俞春晓　等　著	42.00
8598	幼儿园集体教学活动设计方法与实例	俞春晓　著	28.00
9499	幼儿教师必须修炼的10项教学技能	俞春晓　著	25.00
9454	幼儿园教学诊断技巧与对策58例	王春燕　等　著	38.00
1799	幼儿园电影主题活动创意设计（全彩）	王微丽　等　主编	72.00
9612	幼儿园综合主题活动——设计技巧与优秀案例	赵旭莹　等　主编	42.00
1235	幼儿园绘本美术活动创意设计（全彩）	郭莉萍　赵福云　主编	68.00
9323	幼儿园美术活动创意设计（全彩）	罗　梅　赵福云　主编	56.00
0180	给幼儿教师和家长的81条美术教育建议（全彩）	李力加　著	62.00
9150	幼儿园节日活动精彩设计方案	刘洪霞　主编	35.00
9590	幼儿园语言活动创新设计	郭咏梅　著	32.00
0157	幼儿园优秀语言活动设计70例	郭咏梅　主编	26.00
0453	幼儿园优秀体育活动设计99例	朱　清　侯金萍　主编	45.00
9892	幼儿园优秀美术活动设计99例（全彩）	陈学群　余　晖　主编	58.00

9591	幼儿园优秀健康活动设计80例	范惠静　主编	38.00
9439	幼儿园优秀社会活动设计65例	伍香平　主编	25.00
9385	幼儿园优秀科学活动设计88例	董旭花　主编	35.00
9951	幼儿园科学探究故事20例	王明珠　主编	40.00
幼儿园教师教学技能与活动指导合计			**805.00**
幼儿园教师专业成长指导			
2113	做会沟通的幼儿教师	胡剑红　等　主编	38.00
2236	幼儿园文案撰写规范与技巧	刘　敏　等　著	52.00
2311	幼儿园探究性环境创设（四色）	康　丹　等　译	48.00
2056	小脑袋，大问题（四色）	孟　晨　译	48.00
2309	破解幼儿园教师的90个工作难题	杜长娥　徐　钧　主编	52.00
2112	幼儿园优质教研活动设计方案	朱　清　等　著	38.00
1781	给青年幼儿教师的建议	吴邵萍　著	40.00
8470	答新手幼儿教师120问	刘洪霞　主编	28.00
1798	幼儿园新手教师指导手册	王　芳　等　著	48.00
1783	从新手到骨干——幼儿教师专业成长故事	尹坚勤　编著	42.00
1780	幼儿教师追求幸福的方法	余胜兰　著	42.00

……
欲了解更多图书信息，请登录：www.wqedu.com
联系地址：北京市西城区三里河路6号院2号楼213室　万千教育
咨询电话：010-65181109，65262933
*本目录定价如有错误或变动，以实际出书为准。